Markusine Guthjahr

Die Speisckammer der Natur

Kochen im Einklang
mit den Jahreszeiten

Markusine Guthjahr

Die Speisekammer der Natur

Gemüse – Kräuter – Früchte

Kochen im Einklang mit den Jahreszeiten

BUCH- UND KUNSTVERLAG OBERPFALZ

Bibliografische Information der Deutschen Nationalbibliothek

Die Deutsche Nationalbibliothek verzeichnet diese Publikation in der Deutschen Nationalbibliografie; detaillierte bibliografische Daten sind im Internet über http://dnb.dnb.de abrufbar.
ISBN 978-3-95587-074-4

Bildquellen:

stock.adobe.com: Titel, S. 191 (Alexander Raths und Scisetti Alfio), S. 5, 64 (ExQuisine), S. 8/9, 124/125, 128/129 (exclusive-design), S. 12 (Joachim), S. 14, 57 (Marina Lohrbach), S. 15 (Susann Bausbach), S. 16, 58/59 (Johanna Mühlbauer), S. 17, 158/159 (Peter Hermes Furian), S. 20 (Виктория Алферонок), S. 25 (timolina), S. 27 (Mania777), S. 28/29 (Rembrandt is Dead.), S. 33 (Kitty), S. 34/35 (Blickfang), S. 37 (ji_images), S. 38 (Carmen Steiner), S. 39 (s_karau), S. 40/41, Umschlagrückseite (Yaruniv-Studio), S. 42 (dule964), S. 43 (TwilightArtPictures), S. 46, 48 (rdnzl), S. 49 (Ruckszio), S. 50, 51 (Christian Jung), S. 60, 61 (domnitsky), S. 63 (kamikam), S. 66/67, 100/101 (yanadjan), S. 68/69 (Macqua), S. 70 (lilechka75), S. 73 (eAlisa), S. 74/75, 102 (Sea Wave), S. 76 (kovaleva_ka), S. 78 (Tim UR), S. 79 (unpict), S. 80/81 (Brent Hofacker), S. 82, 84 (Dionisvera), S. 86/87 (elizaveta66), S. 88 (yurakp), S. 89 (Roman Samokhin), S. 90 (shabbydecor), S. 91 (Franziska), S. 92/93 (Maryna Osadcha), S. 104 (Olha), S. 105 (vanillaechoes), S. 106 (Yaruniv-Studio), S. 109 (valya82), S. 111 (Igor Normann), S. 112 (pilipphoto), S. 113 (karepa), S. 114 (HLPhoto), S. 118/119 (Maren Winter), S. 121, 122 (Xavier), S. 126 (Hallgerd), S. 132/133 (Maria), S. 137 (ffphoto), S. 138 (emuck), S. 139 (GSDesign), S. 140/141 (pilipphoto), S. 142 (karandaev), S. 147 (Christine), S. 152 (jd-photodesign), S. 156/157 (photocrew), S. 160 (Melima), S. 164/165 (M.studio), S. 166 (ALF photo), S. 169 (kab-vision), S. 171 (interpas), S. 172 (Yaruniv-Studio), S. 174 (Filip), S. 175 (Africa Studio), S. 176 (annapustynnikova), S. 178 (juefraphoto), S. 179 (EddieCloud), S. 180 (Inga Nielsen), S. 182 (sebra), S. 185 (anna_shepulova), S. 188 (oxie99), S. 190/191, 192 (powerstock), Vor- und Nachsatz (alinamd)

pixabay.com: S. 6/7 (OlgaofDG), S. 10 (nurfe)

Burghard Guthjahr: S. 5 (Portrait), 18/19, 21, 22, 30, 31, 44/45, 47, 99, 117, 120, 123, 181, 184

André Chales de Beaulieu: S. 62, 65, 77, 83, 98, 148, 149, 150, 151, 170, 189

Battenberg Gietl Verlag: S. 21, 24, 60, 85, 95, 96, 97, 103, 107, 108, 116, 117, 127, 130/131, 134, 136, 144, 150, 153, 154, 155, 157, 163, 186, 187

Wolfgang Benkhardt: S. 52/53

1. Auflage 2020
ISBN 978-3-95587-074-4

www.battenberg-gietl.de

Liebe Leserinnen und Leser,

lassen Sie sich entführen in die Speisekammer der Natur mit ihrem unentdeckten Reichtum. Dieses Kochbuch ist nicht nur eine Augenweide, sondern auch eine Quelle kulinarischer Köstlichkeiten.
Der jahreszeitliche Bogen spannt sich vom Frischekick mit Frühlingskräutern über sommerlichen Beeren- und Blütengenuss und herbstlichen Gaumenschmaus bis hin zum deftigen Wurzelgemüse für kalte Wintertage. Viele gesunde Zutaten wachsen vor der Haustür, und man erntet frische Lebenskraft aus Garten, Wald und Wiese.
Ein besonderes Kapitel ist auch den „Vitaminen von der Fensterbank" gewidmet, denn wenn draußen nichts mehr wächst, bereichern selbstgezogene Keimlinge oder fermentiertes Gemüse aus dem Einmachglas den Speiseplan.
Was viele nicht wissen, unsere Natur bietet auch im Winter frisches Grün mit reichlichen Vitaminen, z. B. die Vogelmiere oder den wilden Schnittlauch, der ab Dezember grünt und unter alten Streuobstbäumen zu finden ist. Die Natur gibt ihre Geheimnisse preis, wenn wir genau hinschauen, das habe ich auch selbst erfahren.
Dieses Buch enthält nicht nur leicht umsetzbare Rezepte für heimisches Obst und Gemüse, sondern auch viele Tipps zur schonenden Zubereitung. Jeder Pflanze ist ein Kapitel gewidmet, das präzise über die Inhaltsstoffe und deren gesundheitliche Wirkung informiert.
Als Landfrauenberaterin und Kräuterexpertin habe ich einen großen Erfahrungshintergrund. Alles, was Sie lesen, ist nicht nur selbst erprobt, sondern auch mit verschiedenen Gruppen im Rahmen der Erwachsenenbildung in der Praxis umgesetzt, „Kommunikatives Kochen" ist hier das Zauberwort. Alle Rezepte, die in diesen Erlebnis-Veranstaltungen erprobt wurden, bereichern das Buch. Lassen Sie sich inspirieren und Sie werden entdecken, dass die Speisekammer der Natur unerschöpflich ist.

Markusine Guthjahr, Königstein (Oberpfalz)

Frühjahr

Sommer

Herbst

Winter

Hinweis:
Die Zutaten für die Gerichte im Kochbuch sind, soweit nicht anders angegeben, für vier Personen ausgelegt.

Abkürzungen:

g = Gramm
kg = Kilogramm
TL = Teelöffel
EL = Esslöffel
ml = Milliliter
Stck. = Stück
Fl. = Flasche
Msp. = Messerspitze
gem. = gemahlen

März April

Frühjahr

Frühlingskräuter in die Suppe

leicht – bekömmlich – gesund

Frisches Grün bringt nach langen Wintermonaten den Stoffwechsel wieder in Schwung und führt unserem Körper wichtige Vitalstoffe zu. Da der Garten im zeitigen Frühjahr noch nicht viel bieten kann, lohnt es sich, auf zarte Wildkräuter zurückzugreifen, denn die Natur hat „ihren Tisch“ schon reich gedeckt!
Für leichte kalorienarme Suppen eignen sich jetzt besonders die „jungen Wilden“, wie Brennnessel, Giersch, Bärlauch, Sauerampfer, aber auch Vogelmiere oder Wiesenknöterich. Diese Pflanzen zeichnen sich durch einen beachtlichen Vitamin- und Mineralstoffgehalt aus. So liefert Giersch fünfzehnmal mehr Vitamin C als Kopfsalat, und absolute Spitze ist die Brennnessel!
Hier ein Beispiel: 100 g frische Brennnessel enthalten u.a. 333 mg Vit. C, 7,8 mg Eisen und 630 mg Calcium. In 100 g Kopfsalat haben wir im Vergleich dazu nur 13 mg Vit. C, 1,1 mg Eisen und 37 mg Calcium. Darüber hinaus bieten Kräuter wichtige Pflanzeninhaltsstoffe, die eine verdauungsfördernde, stoffwechselanregende und entschlackende Wirkung haben.

Mai

Sammeln und Verarbeiten

Die jungen Wildkräuter sollte man nur an sauberen, geschützten Orten sammeln, am besten im eigenen Garten. Gepflückt werden zarte Blätter und Triebspitzen. Die Kräuter müssen gut verlesen und so lange gründlich gespült werden, bis das Wasser klar ist.

Wie bei allem Frischgemüse gilt auch hier: Möglichst bald verwenden! Brennnesseln können „entschärft" werden, wenn wir sie vor dem Verarbeiten mit Gummihandschuhen drücken, dann brechen die Spitzen der Brennhaare ab. Aus frischen Kräutern lassen sich schnell würzige Suppen zaubern, auf käufliche Geschmacksverstärker (Natriumglutamate) kann man dabei verzichten und außerdem den Kochsalzkonsum reduzieren! Grundsätzlich ist wichtig, dass Kräuter beim Kochen richtig verwendet werden. Manche Kräuter geben erst beim Mitkochen ihr volles Aroma preis, z. B. Liebstöckel oder Bohnenkraut; die meisten dürfen wir nur kurz aufkochen und etliche sollten erst beim Anrichten auf die Suppen gestreut werden, z. B. Schnittlauch, Dill, Kresse oder Pimpinelle.

Leichte Kräutersuppen sind sehr bekömmlich, sie leiten als Vorsuppe die Mahlzeiten ein und machen das Essen verträglicher. Für den kleinen Appetit reicht die Kräutersuppe als eigenständiges Gericht, sie entlastet den Körper und macht „frühlingsfit".

Brennnessel-Giersch-Suppe

2 Handvoll Brennnessel
2 Handvoll Gierschblätter
1 Zwiebel
1 Knoblauchzehe
1 EL Weizenvollkornmehl oder Dinkelmehl
1½ l Gemüsebrühe
125 ml Schlagsahne
Salz und Muskat
2 Scheiben Toastbrot zum Rösten

Brennnesseln und Giersch waschen, in einen Topf mit kochendem Wasser geben, aufwallen lassen. Wasser abgießen.
Die Kräuter kalt abbrausen, abtropfen lassen, klein hacken. Zwiebeln und Knoblauch würfeln, in Öl glasig dünsten, Mehl dazugeben und umrühren. Mit Gemüsebrühe aufgießen, gehackte Kräuter dazugeben, 5 Min. ziehen lassen, pürieren, Sahne steif schlagen, Suppe damit garnieren oder gewürfeltes Brot anrösten und auf die heiße Suppe geben.

Brennnessel-Kartoffel-Suppe

500 g Kartoffeln, gewürfelt
1 Zwiebel, gehackt
30 g Butter
1 EL. Vollkornmehl
2 Handvoll frische Brennnesseln
1¼ l Gemüsebrühe
Majoran
Salz zum Würzen

Die gehackten Zwiebeln in Butter andünsten, Kartoffelwürfel dazugeben und mitdünsten. Mehl darüber stäuben und mit der Gemüsebrühe aufgießen.
Wenn die Kartoffeln fast gar sind, die gehackten Brennnesseln darunterrühren, 5–10 Min. ziehen lassen, mit Salz und Majoran abschmecken. Wird eine sämige Suppe gewünscht, können die Kartoffelwürfel in der Suppe zerstampft werden.

Sauerampfer-Sahne-Suppe

100 g Sauerampfer
2 mittelgroße Zwiebeln
30 g Butter oder Margarine
4 EL feine Haferflocken
1 l Gemüsebrühe
4 EL Sahne
1 Eigelb
Muskatnuss, frisch gerieben
Salz und Basilikum zum Abschmecken

Butter in einem Topf zerlassen, die fein gehackten Zwiebeln darin goldgelb anrösten. Haferflocken dazugeben, alles durchschwitzen lassen und mit Gemüsebrühe auffüllen. Sauerampfer waschen, hacken und unterrühren. Die Suppe 10 Minuten leise kochen lassen, mit Sahne und Eigelb verfeinern (nicht mehr kochen!), mit Salz, Basilikum und Muskat abschmecken.

Hinweis:
Sauerampfer eignet sich besonders für die Frühjahrskur. Zu beachten ist der Oxalsäuregehalt! Bei der Zubereitung von Gerichten mit Sauerampfer immer Milch- oder Milchprodukte mitverwenden, da deren Calciumgehalt die Oxalsäure neutralisiert. Rohen Sauerampfer nur sparsam verwenden, Rheumakranke sollten darauf verzichten.

2 Handvoll Vogelmiere (ohne Wurzeln)

1 Zwiebel

1 EL Butter

2 EL Vollkornmehl

1 l Gemüsebrühe

2-3 EL saure Sahne

Salz und Pfeffer

Muskat (frisch gerieben)

Vogelmierensuppe

Die Vogelmiere gründlich waschen, fein wiegen, Zwiebel fein hacken, in Butter glasig dünsten. Vollkornmehl dazugeben, leicht anbräunen, die Vogelmiere kurz mitdünsten. Die Gemüsebrühe aufgießen, 5–10 Min. schwach kochen lassen. Zum Schluss mit saurer Sahne verfeinern und mit Gewürzen abschmecken.
Nach Belieben können geröstete Brotwürfel dazugegeben werden.

Hinweis:
Die zarte Vogelmiere ist reich an Vitaminen und kann das ganze Jahr geerntet werden. Im Volksmund heißt sie auch „Hühnermiere", oder, weil sie kleine weiße Sternenblüten trägt, auch „Sternenkraut". Sie darf nicht mit dem ähnlich aussehenden, aber rötlich blühenden Acker-Gauchheil verwechselt werden, der leicht giftig ist!

2 mittelgroße Kartoffeln, geschält und klein gewürfelt

1 l Gemüsebrühe

1 Bund Frühlingskräuter

125 ml Milch

Salz und Pfeffer

1 Becher Crème fraîche zum Garnieren

Frühlings-Kräutersuppe

Die gewürfelten Kartoffeln in der Gemüsebrühe weich kochen. Die Kräuter waschen, hacken und zugeben. 5 Min. kochen lassen. Die Suppe pürieren und nach Geschmack mit Salz und Pfeffer abschmecken. Die Milch zugeben, kurz erhitzen und vom Herd nehmen.
Beim Anrichten wird jede Portion mit einem Löffel voll Crème fraîche garniert.

3 EL Öl

3 EL Mehl

1 1/4 l Gemüsebrühe

1 Zwiebel

4 EL Sahne

100 g geriebener Emmentaler

etwas Salz

Muskat

Je 2 EL frische Kräuter, je nach Jahreszeit (z. B. Petersilie, Kerbel, Schnittlauch, Melisse, Dill, Basilikum). Falls nicht genügend frische Kräuter vorhanden sind, können auch tiefgefrorene Kräuter verwendet werden.

Kräuter-Käse-Suppe

Aus Öl, Mehl und gehackter Zwiebel helle Mehlschwitze herstellen. 1 1/4 l Gemüsebrühe dazugießen und mit dem Schneebesen glatt rühren, 2–3 Min. unter Rühren aufkochen, dann mit Reibkäse, Sahne und etwas Muskat abschmecken. Falls erforderlich, kann noch etwas Salz dazugegeben werden. Die fein gehackten Kräuter unmittelbar vor dem Servieren unter die Suppe rühren, nicht mehr aufkochen. Anstelle einer üblichen Hauptmahlzeit kann die Käse-Kräuter-Suppe mit Vollkornbrötchen gereicht werden.

2 Handvoll Gierschblätter

1 1/2 l Gemüsesuppenbrühe

Schnittlauch und Muskat zum Abschmecken

Zum Pfannkuchenteig:

125 g Vollkornmehl

Salz

knapp 1/4 l Milch

1–2 Eier

Pflanzenfett zum Backen

Giersch-Pfannkuchen-Suppe

Die Gierschblätter gründlich waschen, dickere Stiele entfernen, kochendes Wasser über die Blätter gießen, kalt abbrausen und abtropfen lassen. Die Blätter fein hacken. Pfannkuchenteig herstellen aus Mehl, Eiern, Salz und Milch. Die gehackten Gierschblätter dazugeben. Dünne Pfannkuchen mit wenig Fett goldgelb backen, abkühlen lassen und in feine Streifen schneiden. Die Pfannkuchenstreifen in eine Suppenschüssel oder einen Teller geben, mit abgeschmeckter kochender Suppenbrühe übergießen und mit Schnittlauch und ein wenig Muskat bestreuen, sofort servieren.
Statt Gierschblätter können auch Brennnesselblätter verwendet werden.

2 Handvoll frische Spitzwegerichblätter

1 Zwiebel

2 Kartoffeln

3 EL Mehl

2–3 EL Öl

1 l Gemüsebrühe

3 EL Milch

Salz und Pfeffer

Spitzwegerich-Suppe

Spitzwegerichblätter verlesen, waschen und in feine Streifen schneiden. Kartoffeln waschen, schälen und würfeln. Die Zwiebel schälen, würfeln und im Öl glasig dünsten. Das Mehl darüber streuen, umrühren und mit Gemüsebrühe ablöschen. Spitzwegerich und Kartoffelwürfel in die Brühe geben und gar kochen. Mit Salz und Pfeffer abschmecken und die Milch unterrühren.

Tipp als Hausmittel:
Spitzwegerich enthält antibiotische Wirkstoffe. Frische zerquetschte Spitzwegerichblätter bei Insektenstichen bzw. kleinen Verletzungen auflegen!

Zitat von Pfarrer Kneipp:
„Die Spitzwegerichblätter nähen die Wunde wie mit goldenen Fäden zusammen."

1 Handvoll Kräuter pro Person. Aus jeder einzelnen Kräuterart lässt sich eine schmackhafte Suppe zubereiten. Es können auch mehrere Kräuter gemischt werden, das gibt der Wildgemüsesuppe das interessante Aroma.

Je nach Jahreszeit und Vorkommen eignen sich Brennnesseln, Giersch, Löwenzahn, Sauerampfer, Wiesenknöterich, Vogelmiere, Gänseblümchen, Gundermann u.a.

Weitere Zutaten:

1 l Gemüsebrühe

1 Zwiebel, gewürfelt

2 EL Weizenvollkornmehl

30 g Butter oder Pflanzenöl

125 ml saurer Rahm

Kräutersalz, Pfeffer und Muskat, frisch gerieben

nach Belieben ein frisches Eigelb

Wildkräuter-Rahm-Suppe

Die Kräuter verlesen, grobe Stängel entfernen, gut waschen, abtropfen lassen, fein hacken. Helle Mehlschwitze herstellen aus Butter bzw. Öl, Zwiebel und Mehl. Mit der Gemüsebrühe aufgießen, 5–10 Min. kochen lassen. Fein gehackte Kräuter dazugeben, 5–10 Min. ziehen lassen, würzen.
Rahm dazugeben, mit dem Schneebesen verrühren oder mit Eigelb legieren. Nicht mehr kochen! Sofort servieren. Nach Belieben kann die Suppe mit frisch gerösteten Brotwürfeln angerichtet werden.

Feine Gänseblümchen-Suppe

- 1 Handvoll Gänseblümchen (verlesen, gewaschen)
- 1 Zwiebel, gewürfelt
- 1 l Gemüsebrühe
- 30 g Butter oder Pflanzenöl
- 2–3 EL Weizenmehl
- 3 EL Milch
- 1 Zweiglein Maggikraut
- Salz und Pfeffer

Gänseblümchenblätter und -blüten hacken, einige Blüten aufheben. Helle Mehlschwitze herstellen aus Butter, Zwiebel und Mehl, mit Gemüsebrühe aufgießen. Maggikraut zugeben und 5–10 Min. kochen, dabei umrühren.
Die gehackten Gänseblümchen in die Suppe geben, aufwallen lassen. Mit Milch, Salz und Pfeffer abschmecken. Die angerichtete Suppe mit Gänseblümchenblüten garnieren.

Tipp:
Klassischen Kartoffelsalat mit frischen Gänseblümchenblättern mischen statt mit Feldsalat.

Hinweis:
Gänseblümchen eignen sich für die Frühjahrskur als Suppe oder im gemischten Salat.

Hausmittel:
Sauber gewaschene, zerquetschte Blätter auf Insektenstiche oder Blutergüsse legen.

250 g Magerquark
2 Becher Naturjoghurt
¼ l Milch
1 Bund Dill
½ Bund Petersilie
2 gelbe Rüben
1 Zitrone
frische Kresse
Salz

Kalte Joghurtsuppe mit Kräutern

Möhren waschen, schälen und fein raspeln. Zwiebel und Knoblauch schälen und schneiden. Kräuter waschen, trocken schütteln und hacken. Zwiebel, Knoblauch, Joghurt, Quark und Milch in Mixer geben und mixen. Gehackte Kräuter und geraspelte Möhren unterheben. Die Joghurtsuppe mit Salz und Zitronensaft abschmecken und mit geschnittener Kresse garnieren.

Tipps für die Kräuterküche:

- *Frische Kräuter möglichst kurz vor der Verarbeitung ernten*
- *Gut waschen, möglichst unter fließendem Wasser, das ist besonders für Wildkräuter wichtig*
- *Gewaschene Kräuter kurz vor dem Essen zerkleinern und dem Gericht zugeben*
- *Zarte Kräuter nicht mitkochen, denn die Aromastoffe und die Vitamine sind hitzeempfindlich*
- *Vorrats-Kräuter waschen und in einem Kunststoffbehälter im Gemüsefach des Kühlschranks frisch halten*

Hinweis: „Gut gewürzt ist halb gesalzen."
Mit Kräutern gewürzte Gerichte brauchen weniger Salz, sind bekömmlicher und leichter verdaulich. Die ätherischen Öle regen die Produktion der Verdauungssäfte an und die Aromastoffe verbessern den Geschmack der Speisen.

Frühlingserwachen: Osterei und Ostergrün

Das Osterei

Das Ei gilt als Symbol der Fruchtbarkeit und des Lebens. Die Tradition der gefärbten Eier lässt sich bis zu den Ägyptern und Persern zurückverfolgen, die bereits 5000 v. Chr. gefärbte Eier kannten. Die Farbe Rot war bis über das Mittelalter hinaus die beherrschende Farbe für das Ei. Rot ist die Farbe des Blutes, der Liebe, des Sieges, der Königswürde. Für die Christen ist das Ei zum Sinnbild für die Auferstehung Christi geworden. Die zerbrochene Eischale, aus der neues Leben kommt, ist ein Bild dafür. Es gibt viele Erklärungen, wieso das Ei gerade zu Ostern eine so große Rolle spielt, z. B. musste nach dem altdeutschen Eiergesetz der Grund- und Bodenzins in Form von Eiern erbracht werden, und da der Stichtag für die Zinseier Ostern war, wird angenommen, dass der Begriff Osterei und die Sitte, zu Ostern Eier zu verschenken, auch auf diese Tatsache zurückgehen könnte.

Die am Gründonnerstag gelegten Eier waren ganz besonders wertvoll, sie wurden in manchen Gegenden als „Antlaßeier" bezeichnet, wobei Antlaß (Entlassung) die Loslösung von öffentlichen Kirchenbußen bedeutet. In der nördlichen Oberpfalz spricht man von „Odlasoiern", die rot gefärbt und geweiht wurden und Haus und Hof vor Feuer und Blitz schützen sollten.

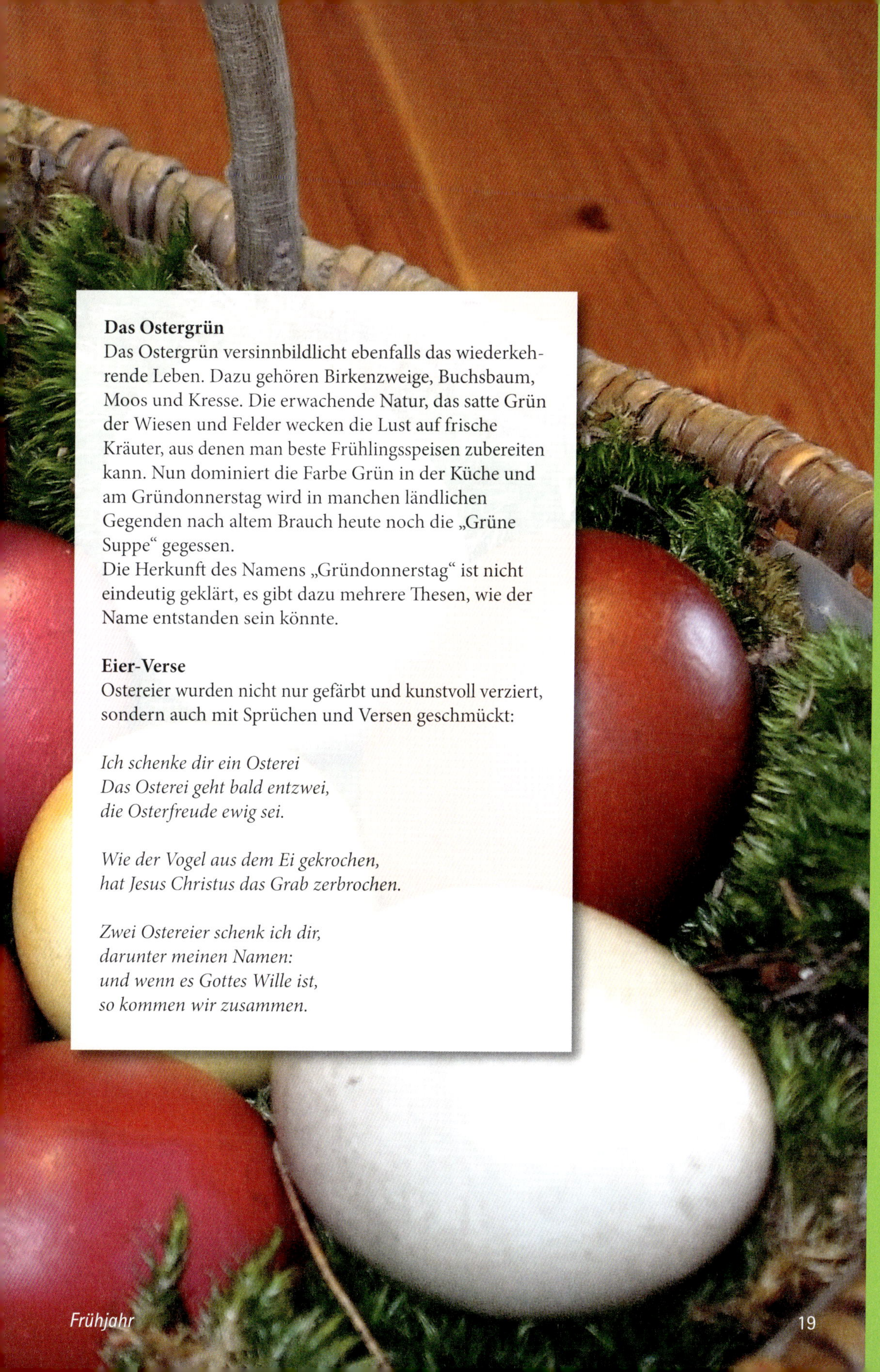

Das Ostergrün

Das Ostergrün versinnbildlicht ebenfalls das wiederkehrende Leben. Dazu gehören Birkenzweige, Buchsbaum, Moos und Kresse. Die erwachende Natur, das satte Grün der Wiesen und Felder wecken die Lust auf frische Kräuter, aus denen man beste Frühlingsspeisen zubereiten kann. Nun dominiert die Farbe Grün in der Küche und am Gründonnerstag wird in manchen ländlichen Gegenden nach altem Brauch heute noch die „Grüne Suppe" gegessen.

Die Herkunft des Namens „Gründonnerstag" ist nicht eindeutig geklärt, es gibt dazu mehrere Thesen, wie der Name entstanden sein könnte.

Eier-Verse

Ostereier wurden nicht nur gefärbt und kunstvoll verziert, sondern auch mit Sprüchen und Versen geschmückt:

Ich schenke dir ein Osterei
Das Osterei geht bald entzwei,
die Osterfreude ewig sei.

Wie der Vogel aus dem Ei gekrochen,
hat Jesus Christus das Grab zerbrochen.

Zwei Ostereier schenk ich dir,
darunter meinen Namen:
und wenn es Gottes Wille ist,
so kommen wir zusammen.

Hellgelb
Kamilleblüten:
40 g pro l Wasser
Sandgelb
Frische Birkenblätter:
50 g pro l Wasser
Sonnengelb
Kurkuma (Gelbwurzelpulver):
2 EL pro l Wasser
Lindgrün
Matetee-Blätter:
25 g pro l Wasser
Mattgrün
Brennnessel:
50 g pro l Wasser
Hellbraun
Walnussschalen:
30 g zerkleinert pro l Wasser
Kaffeebraun
Kaffeepulver:
40 g pro l Wasser
Gelbbraun bis Rostbraun
Zwiebelschalen:
3 Handvoll pro l Wasser
Rot
Rotholz (aus der Apotheke):
2 EL pro l Wasser

Ostereier färben mit Naturfarben

Seit Jahrhunderten werden in der Fastenzeit Zwiebelschalen gesammelt, um damit Ostereier zu färben, auch andere Pflanzen und Früchte eignen sich dazu.
Zum Ansetzen der Farbbrühe weicht man die Färbepflanzen in kaltem Wasser ein, das ist besonders wichtig bei harten Wurzeln und Schalen. Dann das Wasser mit Inhalt aufkochen und 30 Min. weiterköcheln lassen, danach durchseihen. Die Eier werden im Absud 10 Min. gekocht und während des Färbevorgangs vorsichtig gewendet. Die gefärbten Eier auf Küchenkrepp legen, wenn sie trocken sind, mit Speckschwarte abreiben.
Das Experiment lohnt sich und kann auch Kindern viel Freude machen. Das Ergebnis sind harmonische, natürliche Farben ohne chemische Zusätze. Zum Färben möglichst weiße Eier verwenden, für Zwiebelschalen und Kaffeesud eignen sich auch braune Eier.

Tipp: Pflanzenmotive auf gefärbten Eiern
Durch Pflanzenmotive kann man besonders schöne Muster erzielen. Dazu kleine Blätter von Löwenzahn, Schafgarbe, Kerbel oder Erdbeeren auf den Eiern fixieren, das Ei mit Verbandsmull, Tüll oder einem Perlonstrumpf umwickeln, zubinden und ins Färbebad geben. Hinterher erscheinen auf den gefärbten Eiern die zierlichen Pflanzenmotive.

8–10 Eier (10 Min. gekocht)

Für den Ausbackteig:

125 g Mehl

150 ml Milch

1 Ei

1 Prise Salz und Pfeffer

½ TL Kurkuma, gemahlen

Raps- oder Sonnenblumen-Öl zum Ausbacken

Schnittlauch

Gebackene Fasteneier

Die gekochten Eier schälen.

Für den Ausbackteig:
Mehl sieben und mit Ei, Milch, Salz, Pfeffer und Kurkuma glatt rühren. Der Teig muss dickflüssig sein. Öl in der Pfanne erhitzen (ca. 1 cm). Die Eier im Teig rollen und im heißen Öl goldgelb ausbacken, dabei wenden. Auf Küchenkrepp abtropfen lassen und mit Schnittlauch servieren.

8–10 Eier (10 Min. gekocht)

½ l Wasser

¼ l Weinessig

1 Lorbeerblatt

3 Pimentkörner

½ TL Senfkörner

jeweils ein Sträußchen Dill, Estragon und Zitronenmelisse

3–4 kleine rote Zwiebeln in Scheiben schneiden

1 EL Zucker

1 TL Salz

1 TL Kurkuma

Marinierte Würzeier

auch zur Verwertung von übriggebliebenen Ostereiern

Die gekochten Eier schälen. Wasser und Essig mit Zucker und Salz aufkochen. Eier mit Kräutern, Zwiebeln und Gewürzen in ein großes Glas schichten. Sud kochend heiß darübergeben.
Im Kühlschrank 1–2 Tage durchziehen lassen.

Hinweis:
Würzeier sind eine willkommene Brotzeit-Ergänzung.

Gründonnerstag-Suppe

250 g tiefgefrorener Spinat
1 Zwiebel
2 EL Öl
1 EL Mehl
1 1/4 l Gemüsebrühe
3 EL Sahne
Salz und Muskat zum Abschmecken
2 Scheiben Toastbrot in Würfel geschnitten und in Butter goldgelb geröstet

Zwiebel schälen, fein schneiden und in Öl andünsten. Mehl dazugeben, umrühren, lichtgelb rösten, mit Gemüsebrühe aufgießen, glatt rühren und kurz kochen lassen. Dann den tiefgefrorenen Spinat dazugeben und so lange kochen, bis der Spinat aufgetaut ist. Die Suppe mit Sahne, Salz und frisch geriebener Muskatnuss verfeinern und abschmecken. Die Suppe beim Anrichten mit gerösteten Brotwürfeln garnieren.

Kräutl-Suppe

1 Bund Garten-Kerbel
2 Frühlingszwiebeln mit Grünzeug
30 g Butter
2–3 EL Mehl
1 l Gemüsebrühe
3 EL Weißwein
3 EL Sahne
1 Eigelb
Salz
Muskat

Die Frühlingszwiebeln fein schneiden, in Butter dünsten und mit Mehl bestäuben. Mit kalter Gemüsebrühe und Wein ablöschen und kurz kochen, dabei mit dem Schneebesen gut verrühren.
Den Kerbel waschen, hacken und in die Suppe geben (2–3 EL Kerbel aufheben). Nur einmal aufkochen. Die Suppe vom Herd nehmen, Sahne und Eigelb verquirlen und mit dem Schneebesen in die Suppe rühren, nicht mehr kochen!
Die Suppe mit Salz und Muskat abschmecken und mit reichlich frischem Kerbel verfeinern. Wenn der Kerbel zu lange in der Suppe gekocht wird, wird er braun und geschmacklos.
Kräutl-Suppe gab es früher auch am Gründonnerstag.

Hinweis:
Kerbel hat ein zartes Anisaroma und ist nur frisch und hauptsächlich im Frühjahr zu bekommen. Kerbel regt den Stoffwechsel und die Nierentätigkeit an, entschlackt und ist gut für die Blutreinigung. Für das gleiche Rezept kann man auch Anis-Kerbeln (Süßdolde) verwenden.

Käse-Schinken-Toast mit Kerbel

Getoastetes Brot mit Butter bestreichen und mit einer Scheibe Käse und Schinken belegen und reichlich mit gehacktem Kerbel bestreuen und mit Radieschen garnieren.

Kartoffel-Kerbel-Suppe

4 mittelgroße Kartoffeln
1 Zwiebel
20 g Butter
3 Gelbe Rüben
1 1/4 l Gemüsebrühe
125 ml Sahne
100 g frischer Kerbel
Salz
Pfeffer
Muskat
4 EL Schmand

Kartoffeln und Gelbe Rüben waschen, schälen und in kleine Würfel schneiden und alles in Butter andünsten. Gemüsebrühe aufgießen, 15 Min. garen lassen, dann pürieren. Falls die Suppe zu sämig ist, noch etwas Gemüsebrühe nachgießen. 125 ml Sahne unterrühren, kurz aufkochen und den Kerbel unterheben. Anschließend mit Salz, Pfeffer und Muskat abschmecken. Mit einem Klecks Schmand garnieren.

Blitzsuppe für den Putztag

- 1 l Gemüsebrühe
- 1 Paket Tiefkühl-Suppengrün
- 2–3 EL Kartoffelpüreepulver
- 2–3 EL Sahne
- Salz
- 1 Bund Schnittlauch
- 2 Paar Wiener Würstchen

Suppengrün in Gemüsebrühe kurz kochen und mit Kartoffelpüree andicken, abschmecken. Zum Schluss Sahne unterrühren und mit Schnittlauchröllchen garnieren. Die Würstchen klein schneiden und in der Suppe heiß werden lassen. Oder die Würstchen nicht schneiden und im heißen Wasser ziehen lassen.

Feldsalat mit Joghurtsauce, Walnüssen und Gänseblümchen

- 200 g Feldsalat
- 1 Zwiebel
- 50 g Walnusskerne

Für die Sauce:

- 1 Becher Naturjoghurt
- 1 TL Senf
- 2 EL kalt gepresstes Öl
- 1 Prise Zucker
- Salz und Pfeffer
- 1 Handvoll Gänseblümchenblüten zum Garnieren

Salat putzen, waschen, abtropfen lassen. Zwiebel schälen, würfeln. Walnüsse grob hacken. Alles in eine Schüssel geben. Joghurt mit Senf, Öl, Salz, Pfeffer und Zucker zu einer Sauce verrühren. Abschmecken, über den Salat geben und vorsichtig mischen. Den angerichteten Salat mit Gänseblümchenblüten garnieren.

Frankfurter Grüne Sauce

- 250 g Magerquark
- 2 Becher Schmand
- 1 gehacktes hart gekochtes Ei
- 1 fein gehackte Zwiebel
- 1 TL Senf
- Salz und Pfeffer aus der Mühle
- 1 Spritzer Zitronensaft

Kräuter:

Schnittlauch, Petersilie, Dill, Pimpinelle, Kerbel, Zitronenmelisse, Sauerampfer

Quark und Schmand cremig rühren. Kräuter waschen, trocken schütteln, fein schneiden. Alle Zutaten mischen und gut abschmecken.
Diese erfrischende Sauce eignet sich als Beilage zu Schalenkartoffeln, hart gekochten Eiern und kaltem Braten.

8 Eier
100 g durchwachsener Speck
4 gekochte Kartoffeln
2 EL Öl
1 EL gehackte Petersilie
1 EL frischer Oregano (Dost)
1 EL Schnittlauchröllchen
Salz und Pfeffer

Bauern-Omelette

Speck würfeln, Kartoffeln schälen und würfeln. Speck mit Öl in einer großen Pfanne anbraten, Kartoffeln mitbraten, dabei umwenden. Eier verquirlen, mit Salz, Pfeffer und Kräutern mischen und über Speck und Kartoffeln gießen. Unter Rühren leicht stocken lassen, dann ohne Rühren fertig backen. Zusammenklappen und sofort heiß servieren.
Dazu passt ein Frühlingssalat.

8 Stangen Grünspargel
1 kleine Kohlrabi
1 Bund Radieschen
½ Eisbergsalat
50–80 g Sauerampferblätter
2–3 Frühlingszwiebeln

Für die Marinade:
4 EL Sahne
2–3 EL Essig
½ TL Senf
1 Knoblauchzehe
Salz
Pfeffer
1 Prise Zucker
1 Handvoll Gänseblümchenblüten

Frühlingssalat

Spargel schälen, in leichtem Salzwasser bissfest kochen, dann mit kaltem Wasser abschrecken. Kohlrabi schälen und in kleine Stifte hobeln. Radieschen waschen und in Scheiben schneiden. Eisbergsalat waschen, putzen und zerkleinern. Sauerampfer waschen und schneiden. Frühlingszwiebeln fein würfeln. Zwiebellauch in Ringe schneiden.
Alle Zutaten in der Marinade mischen und abschmecken, mit Gänseblümchenblüten garnieren.

Kräuter-Quiche

125 g Butter
250 g Mehl
4 EL kaltes Wasser
Salz
150 g durchwachsener Speck
2 Zwiebeln
100 g gemischte Kräuter: Petersilie, Majoran, Basilikum, Brennnessel, Bärlauch
100 g geriebener Emmentaler
125 ml Sahne
4 Eier
Salz und Pfeffer

Butter klein schneiden, mit Mehl, Salz und kaltem Wasser zu einem glatten Teig verkneten. Eine Backform (28 cm Durchmesser) mit Teig auslegen und einen Rand von 2 cm hochziehen. Den Teig eine Stunde kühl stellen. Speck in Würfel schneiden, Zwiebel schälen und fein hacken. Den Speck in einer Pfanne glasig braten, Zwiebel dazugeben und noch 5 Minuten weiterbraten. Kräuter waschen und hacken. Speck mit Kräutern mischen und auf dem Teig verteilen. Den geriebenen Käse mit Sahne und Eiern verrühren und mit Pfeffer und Salz abschmecken. Die Eier-Sahne über die Speck-Kräuter-Mischung gießen. Die Quiche im vorgeheizten Backofen bei 180 °C ca. 40 Minuten backen.

Wildkräuter-Butter

250 g weiche Butter
1–2 Knoblauchzehen
Salz
je 1 EL Petersilie, Gänseblümchenblüten, Vogelmiere, Schafgarbeblätter, Knoblauchsrauke oder Bärlauch

Alle Kräuter waschen, trocken schütteln und fein hacken. Knoblauch schälen und mit der Knoblauchpresse zerkleinern. Butter cremig rühren. Alle Zutaten vermengen und mit Salz abschmecken. Eine Butterrolle formen, in Klarsichtfolie einwickeln und kühl stellen. Nach Bedarf in Scheiben schneiden.
Passt gut zu Kartoffeln, Fisch oder Grillsteak. Gut schmeckt die Wildkräuterbutter auch als Brotaufstrich mit Radieschen.

Hinweis:
Alle Wildkräuter müssen jung und zart sein.

Eier auf Kräuter-Quark-Creme

500 g Magerquark
1 Becher saure Sahne
1 Becher Naturjoghurt
4 hart gekochte Eier
1 Ei hart gekocht und fein gehackt
2–3 EL Tafelsenf
Salz und Pfeffer aus der Mühle
je 2 EL fein gehackte Kräuter Dill und Schnittlauch,
Dill- und Petersilienblätter zum Garnieren

Magerquark mit Sahne und Joghurt schaumig rühren. Fein gehacktes Ei, Kräuter und Senf untermischen und mit Salz und Pfeffer abschmecken. Quarkcreme in flacher Schüssel oder auf einer Platte anrichten. Die gekochten Eier schälen, halbieren, mit der Schnittfläche nach oben auf die Quarkcreme legen. Mit Kräuterblättchen garnieren.

Beilage: Schalenkartoffeln.

Schollenfilet in Dillsoße

500 g Schollenfilet
1 Bund frischer Dill, fein geschnitten
2 Frühlingszwiebeln, fein gehackt
1 Zitrone
40 g Butter
1 Tasse Weißwein
1 Tasse Sahne
1 Tasse Gemüsebrühe
Salz
Pfeffer aus der Mühle

Fischfilet mit Zitrone beträufeln und mit Salz und Pfeffer würzen. Butter in der Pfanne erhitzen und Fischfilet von beiden Seiten anbraten. Aus der Pfanne nehmen und warm stellen. Die Frühlingszwiebeln in der Pfanne andünsten und mit Weißwein und Sahne ablöschen, 10 Min. leicht kochen. Dill und Gemüsebrühe dazugeben, mit Salz und Pfeffer abschmecken. Fischfilet in die Dillsoße geben, kurz ziehen lassen. Dann auf vorgewärmten Tellern anrichten.

Beilage: Reis, Kartoffeln.

Der Monat *Mai*

Löwenzahn – wildes Wiesengold

Die Natur blüht auf! Schaut man ins Land, dominiert im Mai die leuchtend gelbe Löwenzahnpracht inmitten saftig grüner Wiesen. Der Löwenzahn mit seinen gezähnten Blättern hat im Volksmund viele Namen: Dotterblume, Kuhblume und wegen seines weißen Milchsaftes heißt er auch Milchkraut oder Milchstöck. Auf die harntreibende Wirkung beziehen sich die Namen „Bettpisser“ oder „Brunzer“.
Der Löwenzahn ist robust, wachstumsfreudig und gehört zu den Pionierpflanzen unter den Wildkräutern. Selbst auf steinigem Brachland kann er überleben, denn mit seinen kräftigen Pfahlwurzeln holt er die Nährstoffe aus tiefen Bodenschichten.
Vielen Hobbygärtnern ist der Löwenzahn ein „Dorn im Auge“. Sie verkennen oft seine Bedeutung als Wildgemüse und Heilpflanze, denn aus Wurzeln, Blättern und Blüten lassen sich Gesundheitstees, Frühlingssalate und Löwenzahnhonig zubereiten, in Öl gebratene Blütenknospen sind eine Delikatesse für Kenner.
Der Löwenzahn-Blattsalat ist ein besonderer Gaumenschmaus – hierzu eignen sich am besten die jungen zarten Blätter. Es ist selbstverständlich, dass Löwenzahn niemals an Straßenrändern und in der Nähe chemisch behandelter Felder gesammelt wird.

schenkt reiche Kräuterfülle

Die frischen Blätter werden gut gewaschen, sorgfältig verlesen und können dann auf vielfältige Weise als Salat zubereitet werden. Löwenzahnblätter lassen sich auch gut mit frischen Gurken, Tomaten oder Blattsalat kombinieren, dann fällt es auch „geschmacksempfindlichen“ Familienmitgliedern leichter, den gesunden Wildkräutersalat zu probieren.

Hausmittel

Als Heilpflanze regt der Löwenzahn die Nieren- und Lebertätigkeit an, fördert den Stoffwechsel, die Ausscheidung und Gallensaftproduktion. Die Hauptinhaltsstoffe der Pflanze sind Bitterstoffe und Gerbstoffe, Inulin, Cholin, Vitamine (z. B. Provitamin A) und Mineralstoffe, insbesondere Kalium.
In der Volksmedizin wird Löwenzahntee oder -saft zur unterstützenden Behandlung von Gicht, Rheuma, Ekzemen und anderen Hautkrankheiten genutzt.
1–2 Teelöffel geschnittene Droge werden mit ¼ l kaltem Wasser zum Sieden gebracht, 1 Minute lang gekocht und dann abgeseiht. Kurmäßig sollte man 4–6 Wochen täglich 2 Tassen Löwenzahntee trinken oder statt des Tees jeweils einen Esslöffel Löwenzahnsaft nehmen.

Tipps für die Küchenpraxis

Je höher die Sonne steht, desto bitterer wird der Löwenzahn. Die Sonne zieht die Bitterstoffe aus den unteren Pflanzenteilen nach oben. Sollte der Löwenzahn zu bitter schmecken, schneidet man die Blattspitzen ab, denn hier sitzen die meisten Bitterstoffe, das übrige Blatt wird dann weiter zu herkömmlichen Salaten verwendet.

1 Dose Thunfisch im eigenen Saft (150 g Abtropfgewicht)

150 g Löwenzahnblätter

15 Oliven

1 Zwiebel

3 EL Kräuter-Essig

3 EL kalt gepresstes Olivenöl

Salz und Pfeffer

1 hart gekochtes Ei zum Garnieren

Löwenzahn-Salat mit Thunfisch

Thunfisch abtropfen lassen, Löwenzahn waschen, trocken tupfen und schneiden. Zwiebel schälen und in Ringe schneiden, 10 Oliven in Ringe schneiden und beides mit Thunfisch mischen. Olivenöl, Essig, Salz und Pfeffer verrühren und über den Salat träufeln. Kräftig abschmecken. Das Ei schälen und achteln. Den Salat mit Ei und den 5 restlichen Oliven garnieren.

Löwenzahnsalat nach Bauernart

1 kleine Schüssel voll zarter Löwenzahnblätter

50 g durchwachsener Schinkenspeck

1 Zwiebel

1 Knoblauchzehe

Essig

Öl

Salz und Pfeffer (aus der Mühle)

2 Scheiben Toastbrot (in Würfel geschnitten)

Die Löwenzahnblätter gut waschen und abtropfen lassen. Falls der Löwenzahn zu bitter ist, Blattspitzen abschneiden, denn dort sitzen die meisten Bitterstoffe! Zwiebel schälen und schneiden, Knoblauchzehe hacken.

Marinade herstellen aus Essig, Öl, Salz, Pfeffer und etwas Wasser. Die Löwenzahnblätter in die Marinade geben und mit den Zwiebelwürfeln mischen. Den Speck würfeln und in einer Pfanne mit 1 TL Öl anbraten. Fein gehackten Knoblauch und die Brotwürfel dazugeben. Knusprig rösten, über den Salat streuen und sofort servieren.

Löwenzahn-Schinken-Knödel

12 Stück

4 Brötchen (vom Vortag)

½ l Milch

200 g gekochter Schinken

2 Tassen fein gehackte Kräuter (Löwenzahn, Brennnessel, Giersch)

30 g Butter

3 Eier

100 g Mehl

2 EL Semmelbrösel

2 l Gemüsebrühe

Salz und Pfeffer

1 Bund Schnittlauch

Brötchen klein schneiden, kochende Milch darübergießen. Schinken fein würfeln, mit Wildkräutern in der Butter kurz andünsten und erkalten lassen. Eingeweichte Brötchen, Eier, Mehl und Semmelbrösel hinzufügen und zu einem geschmeidigen, mittelfesten Teig verkneten. Mit Salz und Pfeffer abschmecken. Mit feuchten Händen Knödel formen und in kochender Gemüsebrühe 20 Min. leicht kochen lassen, dabei den Topfdeckel halb öffnen (damit die Knödel nicht zerfallen).
Löwenzahn-Schinkenknödel in der Brühe servieren und mit Schnittlauch garnieren.

Tipp:
Dazu passt auch Tomatensoße.

Warmer Kartoffelsalat mit Löwenzahn

für 4 Personen:

1 kg kleine festkochende Kartoffeln

2 Handvoll junge Löwenzahnblätter

100 g durchwachsener Speck

Salz und Pfeffer aus der Mühle

5 EL Kräuter-Essig

1 Bund Schnittlauch

Kartoffeln waschen und 20 Minuten garen, dann abgießen, schälen und in Scheiben schneiden.
Löwenzahnblätter gut waschen, abtropfen lassen und in Streifen schneiden. Den Speck klein würfeln und in der Pfanne knusprig braten und mit den Kartoffelscheiben mischen. Mit Salz, Pfeffer und Kräuter-Essig abschmecken. Schnittlauch waschen und in Röllchen schneiden. Die geschnittenen Löwenzahnblätter unter den Kartoffelsalat heben. Den Salat anrichten und mit Schnittlauch bestreuen. Dazu passt gebratene Forelle mit Bärlauchblättern gefüllt.

Frischkäse mit Löwenzahn und Frühlingszwiebel

300 g Frischkäse

150 g Naturjoghurt

1–2 TL Paprikapulver (edelsüß)

1 Frühlingszwiebel

½ rote Paprikaschote

1 Handvoll zarte Löwenzahnblätter

Salz, Pfeffer, Schnittlauch

Frischkäse und Joghurt verrühren und mit Salz und Pfeffer abschmecken. Frühlingszwiebel waschen und schneiden. Paprika waschen und würfeln. Löwenzahnblätter gut waschen, trocken tupfen und schneiden. Alles unter die Frischkäsemasse mischen, mit Salz und Pfeffer abschmecken und mit Schnittlauch bestreuen.

Beilage: Bratkartoffeln oder Schalenkartoffeln.

Tipp:
Junge, zarte Löwenzahnblätter verwenden.

Löwenzahn-Gelee

200 g Löwenzahnblüten

0,75 l Apfelsaft

1 kg Gelierzucker 1:1

Saft einer Zitrone

Aus den Löwenzahnblüten die gelben Blütenblätter zupfen (keine grünen Pflanzenteile verwenden!). Die Blütenblätter im kalten Apfelsaft zum Kochen bringen, 3 Min. köcheln lassen, dann 24 Stunden ruhen lassen, am nächsten Tag abseihen. Aus Flüssigkeit mit Zitronensaft und Gelierzucker das Gelee kochen (nach Packungsanleitung). Heiß in Twist-Off-Gläser füllen und verschließen.

Löwenzahn-Sirup

Frische Löwenzahnblüten (2 Doppelhände voll)

ca. 1 l Wasser

1 kg Rohrzucker

2 Zitronen, ungespritzt

(falls vorhanden, Zitronenthymian oder Kardamom als Geschmacksvariation dazugeben)

Die Blütenköpfe in das kalte Wasser geben, kurz aufkochen, vom Herd nehmen und 24 Stunden ziehen lassen. Anschließend die Blüten abseihen. Den so gewonnenen Blütenauszug abmessen und mit der gleichen Menge Zucker verrühren. Zitronenscheiben und Gewürze dazugeben, aufkochen und auf kleiner Kochstufe zu Sirup eindicken, heiß in Schraubgläser füllen. Der Löwenzahnsirup eignet sich als Brotaufstrich und zum Süßen von Kräutertee.

Tipp:
Wer frischen Engelwurz hat, kann einen kleinen Stängel mitkochen, das gibt ein besonders feines Aroma.

Löwenzahn-Likör

30 Löwenzahnblüten

0,75 l Korn (38 %)

300 g Zucker

½ l Wasser

Die gelben Löwenzahnblütenblätter abzupfen, grüne Teile entfernen. Die Blütenblätter in eine Weithalsflasche füllen und mit Korn übergießen. Zwei Wochen auf die warme Fensterbank stellen und ab und zu schütteln. Den Ansatz durch ein Filter gießen. Den Zucker mit Wasser zu einem Sirup kochen, bis er Fäden zieht. Den alkoholischen Blütenauszug mit dem Sirup mischen, in Flaschen füllen und noch einige Wochen stehen lassen.

Tipp:
Der Likör fördert die Verdauung nach dem Essen.

„Bärlauch im Mai erspart Arzt und Arznei"

Das alte Sprichwort trifft wohl nicht ganz zu, aber etwas Wahres steckt drin. Bärlauch ist wild und würzig, er verkörpert die feurige Schärfe des Knoblauchs, schmeckt allerdings frischer und präsentiert sich im Frühjahr in appetitlichem Grün. Sein Standort ist der schattige, feuchte, humusreiche Laubwaldboden. Auf dem trockenen Waldboden des Juras ist er daher seltener anzutreffen. Ab Februar / März sprießen die ersten zarten Blätter aus den Bärlauchzwiebeln, und ab Mai kommt die Blüte, eine rundliche Scheindolde, zusammengesetzt aus sternförmigen Einzelblüten.
Bärlauch sät sich in der Nähe der Mutterpflanze von selbst aus. Hat sich der „Waldknofel", wie Bärlauch auch genannt wird, seinen Platz gesucht, breitet er sich in dichten Beständen aus. Es ist also auch einen Versuch wert, ihn an einem schattigen Platz im Garten anzusiedeln! Pflanzen bzw. Samen gibt es im Fachhandel.

Sammeltipps
Vorsicht beim Sammeln in der freien Natur: Häufig trifft man Bärlauch und Maiglöckchen am gleichen Standort an! Bärlauchblätter sind leicht mit den giftigen Blättern der Maiglöckchen zu verwechseln. Ein charakteristisches Unterscheidungsmerkmal ist der starke Knoblauchgeruch, wenn man die Bärlauchblätter zwischen den Fingern zerreibt.
Man pflückt die frischen Bärlauchblätter in der Zeit von März bis Mai vor der Blüte, dabei niemals die Pflanze beschädigen oder gar ausreißen. Die Blätter müssen vor der Zubereitung mehrfach sorgfältig unter fließendem Wasser gewaschen werden!

Wirkung und Verwendung

Der Bärlauch ist ein echter Fitmacher, er stärkt und reinigt den Körper und eignet sich besonders für die Frühjahrskur. Zitat von Kräuterpfarrer Künzle: „Wohl kein Kraut der Erde ist so wirksam zum Reinigen. Ewig kränkelnde Leute sollten den Bärlauch verehren wie Gold.“ Ein hochgeschätztes Wildkraut ist Bärlauch allemal und wird immer mehr zum „Modekraut“.

In den vergangenen Jahren rückte die Pflanze auch stärker ins Blickfeld der Forschung. Fazit: Bärlauch hat eine breite Palette wertvoller bioaktiver Inhaltsstoffe. Er wirkt antibakteriell, stärkt die körpereigenen Abwehrkräfte, ist reich an schwefelhaltigen ätherischen Ölen (z. B. Allicin), Flavonoiden und Vit. C. In der Volksmedizin gilt Bärlauch als vorbeugendes Mittel gegen Arteriosklerose. Er verbessert die Fließfähigkeit des Blutes und wirkt blutdrucksenkend.

Frischer Bärlauch ist eine echte Delikatesse und hat auch in der Gourmet-Küche seinen Platz gefunden. Man nimmt ihn zum Würzen von Salaten, Suppen, Weichkäse, Quark, Brotaufstrichen und Kräuterbutter. Köstlich schmeckt auch ein einfaches Butterbrot mit Bärlauchgrün.

So vielseitig sich Bärlauch verwenden lässt, die Saison ist kurz, und das Kraut eignet sich weder zum Einfrieren noch zum Trocknen. Sehr gut lässt sich aber aus den frischen jungen Blättern eine herzhafte Würzpaste herstellen, die mehrere Monate haltbar ist und jederzeit zur Verfügung steht.

Bärlauchsuppe mit Schmand

2 Handvoll Bärlauch (Waldknoblauch)

1 Zwiebel

2 EL Butter, 50 g Weizenvollkornmehl oder Dinkelmehl

1 l Gemüsebrühe

Salz und Pfeffer oder gehacktes Basilikum zum Abschmecken

1/2 Becher Schmand nach Belieben

Bärlauchblätter in feine Streifen schneiden. Zwiebeln hacken, beides in Butter andünsten. Mehl langsam dazugeben, zu einer goldgelben Schwitze verarbeiten und die Gemüsebrühe angießen, umrühren und 10 Min. bei schwacher Hitze kochen lassen. Mit Salz und frisch gemahlenem Pfeffer oder Basilikum abschmecken. Nach Belieben mit Schmand garnieren.

Holzhauer-Suppe mit Bärlauch

4–5 Scheiben Graubrot

1 Handvoll Bärlauchblätter

1 l Gemüsebrühe

4 EL Öl

etwas Salz

etwas Pfeffer

Die Brotscheiben in kleine Würfel schneiden. Die Bärlauchblätter waschen und in kleine Streifen schneiden. Das Öl im Topf heiß machen, das Brot kurz anrösten und den Bärlauch dazugeben. Alles andünsten und dabei nicht das Umrühren vergessen! Geröstetes Brot mit Bärlauch in Suppentassen füllen. Die Gemüsebrühe zum Kochen bringen und ebenfalls in die Suppentassen über das Brot und den Bärlauch geben. Die Brühe abschmecken. Mit frischen Bärlauchblättern garnieren (Waldarbeiter haben sich früher die Suppe im Wald gekocht).

Bärlauch-Pesto

1 Bund Bärlauchblätter

50 g geriebener Parmesankäse

50 g Olivenöl

4 EL Pinienkerne

Salz und Pfeffer

Bärlauch mehrfach unter fließendem Wasser waschen, trocken tupfen und klein schneiden. Alle Zutaten in den Mixer geben und pürieren oder mit Pürierstab zerkleinern. In kleine Schraubgläser füllen, einen 1-cm-Öl-Spiegel draufgießen, das verlängert die Haltbarkeit. Kühl und dunkel stellen.

250 g Mehl (Type 1050)
125 g Butter
4 EL kaltes Wasser
150 g durchwachsener Speck
2 Zwiebeln
1 Bund Bärlauchblätter
100 g geriebener Emmentaler
1 Becher Schmand (150 g)
4 Eier
Salz und Pfeffer

Kräuter-Quiche mit Bärlauch

Butter klein schneiden und mit Mehl, Salz und kaltem Wasser zu einem glatten Teig verkneten. In einer Backform (28 cm Durchmesser) den Teig auslegen und 2 cm Rand hochziehen. Den Teig in der Form etwa 1 Stunde kühl stellen. Speck in kleine Würfel schneiden. Zwiebel schälen und hacken. Den Speck in der Pfanne glasig braten, Zwiebelwürfel dazugeben und alles noch 5 Minuten weiter braten. Bärlauchblätter mehrfach unter fließendem Wasser waschen, trocken tupfen und fein schneiden. Speck und Bärlauch mischen und auf dem Teig verteilen.
Den geriebenen Käse mit Schmand und Eiern verrühren und mit Salz und Pfeffer würzen. Diese „Eiersahne" über den Speck gießen.
Die Quiche im vorgeheizten Backofen bei 180 °C 40 Minuten backen.

Tipp:
Die Quiche kann auch mit anderen Kräutern belegt werden, wenn die Bärlauch-Saison vorbei ist.

500 g Kartoffeln (mehlige Sorte)
1 Zwiebel
1 Becher Sauerrahm
30 g Butter
½ Bund Bärlauchblätter
1 TL getrockneter Majoran
Salz, Pfeffer und Muskat

Oberpfälzer Erdäpfel-Kas mit Bärlauch

Kartoffeln waschen, weich kochen und durch die Kartoffelpresse drücken. Bärlauchblätter mehrfach unter fließendem Wasser waschen, trocken tupfen und fein schneiden. Zwiebel schälen, fein schneiden, in Butter glasig dünsten und unter die Kartoffelmasse geben. Sauerrahm und gehackten Bärlauch untermischen. Mit Salz, Pfeffer und Muskat gut würzen.

Anmerkung:
Der Brotaufstrich sollte einige Stunden durchziehen. Er ist im Kühlschrank 2–3 Tage haltbar. Erdäpfel-Kas zählte früher zum „Arme-Leute-Essen".

250 g weiche Butter
½ TL Salz
½ Bund Bärlauchblätter
Saft einer halben Zitrone

Bärlauch-Butter

Die Bärlauchblätter mehrfach unter fließendem Wasser waschen, trocken tupfen und fein schneiden. Butter mit Salz und Zitronensaft cremig rühren und Bärlauch dazugeben, Rolle formen, in Klarsichtfolie wickeln und kühl stellen.

2 Handvoll Bärlauchblätter

1 Becher Naturjoghurt

1 Becher Schmand

½ Bio-Salatgurke

Salz und Pfeffer aus der Mühle

Wald-Zaziki mit Bärlauch

Die Bärlauchblätter mehrfach unter fließendem Wasser waschen, trocken tupfen und fein schneiden. Den Joghurt mit Schmand verrühren. Die Salatgurke mit Schale grob raspeln und mit der Hand das Gurkenwasser ausdrücken. Die Bärlauchblätter und die Gurkenraspel unter die Soße mischen und mit Salz und Pfeffer abschmecken.

für 2 Portionen

250 g Nudeln (Hörnchen, Zöpfli oder Spaghetti)

1 Handvoll frische Bärlauch-Blätter

1 EL Butter

1 EL Öl

Salz, Muskat, Pfeffer aus der Mühle

Bärlauch-Nudelpfanne

Nudeln in reichlich Wasser mit Öl und einer Prise Salz kochen. Aufpassen, dass sie nicht zu weich werden! Die fertigen Nudeln in ein Sieb schütten, kurz und kalt abbrausen. Den Bärlauch in feine Streifen schneiden und in einer Pfanne mit Butter andünsten. Die abgetropften Nudeln dazugeben und schwenken.
Nach Belieben können die Nudeln mit gerösteten Sonnenblumenkernen garniert werden.

Beilage: Frischer Salat mit Kräutern.

Brennnessel und Giersch

zwei urwüchsige Gesellen

Beide Wildpflanzen haben ein ausgeprägtes Wurzelwachstum, sind robust und unverwüstlich, reich an Vitalstoffen und eignen sich für schmackhafte Gerichte. Sie wachsen bevorzugt in der Nähe menschlicher Behausungen und zählen zu den Pflanzen der Ruderalgesellschaft. Man trifft sie in Gärten, an Zäunen oder auf Schuttplätzen, und durch ihr Wurzelwerk können sie „toten“ Boden wieder urbar machen.

Die Brennnessel weckt die Lebensgeister

Die Brennnessel ist reich an Vitaminen und Mineralstoffen, vor allem Eisen. Sie stimuliert mit ihren wichtigen Vitalstoffen alle Körperfunktionen und regt den gesamten Stoffwechsel, einschließlich Wasserausscheidung, an. Brennnessel ist Bestandteil von Teemischungen gegen Rheuma und Gicht.

In der Volksmedizin wird auch Brennnesselsamen verwendet, er gilt als Fitmacher gerade für ältere Menschen, er vitalisiert Körper und Geist und stärkt die Abwehrkräfte (1–2 TL Brennnesselsamen am besten übers Essen streuen).

Brennnesselsamen gibt es in der Apotheke, man kann ihn aber auch selbst sammeln und trocknen.

Überlieferte Geheimtipps:

Auch in der Tierheilkunde spielte die Brennnessel eine große Rolle:

- In der Kükenaufzucht fütterte man gehackte Brennnesseln vermischt mit gekochtem Ei zur Wachstumsförderung.
- Einem alten Gaul gab man Brennnesselsamen ins Futter, wenn er verkauft werden sollte, das steigerte sein Temperament und seine Vitalität und gab ihm ein schönes, glänzendes Fell.
- Hühner sollen mehr Eier legen, wenn unter das Futter Brennnesselsamen gemischt werden.

Die Brennnessel galt früher als „Spinat der armen Leute“. Heute wird sie auch in der Gourmet-Küche geschätzt und verwendet.

Im Frühjahr sammelt man die jungen Blätter und Triebspitzen, bereitet daraus Salate, Suppen, Gemüse und andere Spezialitäten.

Brennnesseln können wir „entschärfen“; wenn wir sie mit Gummihandschuhen drücken, dann brechen die Spitzen der Brennhaare ab.

Brennnesseln lassen sich gut kombinieren mit anderen Wildkräutern, wie z. B. Giersch.

25 g getrockneter Brennnesselsamen (auch in der Apotheke erhältlich)

1 Fl. Weißwein (0,75 l)

3 EL Bienenhonig

Hausmittel Brennnesselsamen-Wein

(nach Hildegard von Bingen)

Den getrockneten Brennnesselsamen und den Honig in eine große Weithalsflasche füllen, den Wein darüber gießen. Den Ansatz 3 Wochen auf die warme Fensterbank stellen, täglich einmal schütteln. Anschließend abseihen, evtl. durch Kaffeefilter gießen.

Anwendung:
Kurmäßig 3 Wochen lang täglich 1 Likörglas voll trinken.

Hinweis:
Brennnessel-Wein ist ein Stärkungsmittel besonders für ältere Menschen.

„Rosskur“ – Brennnessel-Peitschen:
Sehr verbreitet war früher in der Volksmedizin folgende Anwendung: Menschen mit Rheuma, Gicht und Arthrose haben die schmerzhaften Glieder mit Brennnesseln gepeitscht.

Volksglaube und Brauchtum:
Die Brennnessel war eine Zauber- und Abwehrpflanze gegen Blitz und Feuer, und wenn man mit ihr in der Walpurgisnacht den Stall ausräucherte, war das Vieh vor Hexen und Teufeln geschützt.

Giersch – Das Zipperleinskraut

Der Giersch hat im Volksmund viele Namen, u. a. heißt er „Geißfuß“ oder „Gichtkraut“. In der Volksmedizin wird dem Giersch eine entschlackende, harntreibende Wirkung zugesprochen. Er wird gegen Gicht und Rheuma eingesetzt. Äußerlich können zerriebene Gierschblätter auch auf Insektenstiche gelegt werden. Hobbygärtner fürchten ihn, das mag wohl daran liegen, dass die Pflanze einen stark wuchernden Wurzelstock hat, der immer neue Ausläufer bildet. Am besten immer kurz halten und aufessen, das schwächt den Wurzelstock und stärkt unsere Gesundheit!

Der Giersch gehört zur Familie der Dolden-Blütler. Ab März sammelt man die frischen zarten Blätter und verwendet sie zu Suppen, Frühlingssalaten und anderen wohlschmeckenden Gerichten. Der Giersch ist reich an Vitamin C, 201 mg auf 100 g Frischgewicht.

Am besten hält man Giersch in einer Gartenecke das ganze Jahr über kurz, so kann man immer frische zarte Blätter ernten, denn alte Blätter schmecken nicht. In einigen Regionen ist der Giersch ein wichtiger Bestandteil der „Gründonnerstags-Suppe“.

Wildkräutersalat – gemischt

Pro Person eine Handvoll Wildkräuter nach Jahreszeit und Ernteergebnis gemischt, z. B. Bärlauch, Gänseblümchen, Giersch, Gundermann, Sauerampfer, Spitzwegerich, Pimpinelle, Vogelmiere, Schafgarbe, Löwenzahn, Knoblauchsrauke, Taubnessel.

Zur Milderung des Geschmackes kann Kulturgemüse dazu geschnitten werden, z. B. Radieschen, Tomaten, Salatgurke, Salatblätter, 1 Zwiebel, 1 Apfel oder gekochte Eier.

Salatsoße:

2–3 EL Kräuteressig oder Zitronensaft

3 EL Wasser

3 EL Öl

Senf

Kräutersalz

Pfeffer

1 TL Honig

nach Belieben süße Sahne oder Schmand

Kräuter gründlich waschen, abtropfen lassen, evtl. schneiden und mit Salatsoße mischen.

Dekoration: Tomatenviertel, Eischeiben, Kräuterblüten, z. B. Gänseblümchen- oder Taubnesselblüten, oder mit geröstetem Sesam bzw. Sonnenblumenkernen garnieren.

- 1 kg große Kartoffeln
- 1 Zwiebel
- 1 EL Butter
- 2 Handvoll junge Gierschblätter
- 150 g Frischkäse
- 1 Knoblauchzehe
- Salz, Pfeffer, Paprikapulver
- 100 g geriebener Emmentaler

Gefüllte Kartoffeln mit Giersch

Kartoffeln waschen und garen. Zwiebel schälen, fein würfeln und in Butter andünsten. Giersch waschen, in Streifen schneiden und mit der Zwiebel 5 Minuten dünsten. Zerdrückte Knoblauchzehe dazugeben, abkühlen lassen. Jede gekochte Kartoffel kreuzweise einschneiden und mit dem Teelöffel aushöhlen. Die gedünsteten Kräuter und Frischkäse mischen und mit den Gewürzen abschmecken. Die Masse in die Kartoffeln füllen. Die Kartoffeln in eine gefettete Auflaufform legen, mit Käse bestreuen und bei 200 °C 15–20 Min. überbacken.

4 Lachskoteletts

Salz und Pfeffer aus der Mühle

Öl

30 frische Brennnesselblätter

Gebratene Brennnesseln mit Lachs

Den Lachs würzen, in eine gefettete Auflaufform legen und im Ofen bei 200 °C 15–20 Minuten braten. Brennnesselblätter von den Stielen zupfen und in einer Pfanne mit Öl kurz anbraten. Lachs mit gebratenen Brennnesselblättern anrichten.

750 g Kartoffeln

1 EL Butter

200 ml heiße Milch

3 EL fein gehackte Kräuter (Brennnessel und Giersch)

Salz

geriebene Muskatnuss

Kartoffelpüree mit Brennnesseln und Giersch

Kartoffeln waschen, schälen und in Stücke schneiden, garen, dann abgießen und durch die Kartoffelpresse drücken. Sofort die heiße Milch, Butter und gehackte Kräuter untermischen und mit Salz, frisch geriebener Muskatnuss abschmecken.

250 g weiche Butter

1 TL Salz

1–2 Knoblauchzehen

Saft einer Zitrone

1 Handvoll junge Brennnesselspitzen

Brennnessel-Butter

Butter mit Salz und Zitronensaft schaumig rühren. Knoblauchzehe schälen und auspressen. Brennnesseln gut waschen, trocken tupfen und einmal mit dem Nudelholz darüber rollen, dabei brechen die Brennhaare ab, anschließend fein hacken. Brennnessel und ausgepressten Knoblauch in die Butter mengen. Noch mal abschmecken.
Die Butter schmeckt gut auf Vollkornbrot. Zum Verzieren eignen sich die Blüten von Gänseblümchen, Wiesenschaumkraut und Borretsch.

100–125 g Weizenvollkornmehl oder Dinkelmehl

2 Eier

1 Prise Salz

200 ml Weißwein

ca. 20 frische Brennnesselblätter

Pflanzenöl zum Ausbacken

Brennnesselblätter in Weinteig gebacken

Vorspeise

Das Mehl mit dem Salz, Wein und Eigelb verrühren. Den Teig ruhen lassen. Inzwischen das Eiweiß steifschlagen und darunterheben. Das Pflanzenöl in einer Pfanne erhitzen. Die Brennnesselblätter an den Stängeln anfassen, in den Teig tauchen und im heißen Öl knusprig backen.

Tipp:
Gebackene Brennnesselblätter mit Löwenzahnsirup servieren (eine echte Delikatesse).

Gefüllte Tomaten mit Wildkräutern

3 Handvoll gemischte Kräuter (wie Brennnessel, Giersch, Bärlauch, Gundermann, Melde)
3 Lauchzwiebeln
3 Knoblauchzehen
300 g Schmand
200 g Frischkäse
5 EL Milch
Salz, Pfeffer, eine Prise Zucker
Saft einer Zitrone
8 mittelgroße Tomaten
geriebene Muskatnuss

Kräuter waschen, verlesen und klein schneiden (ein wenig zur Dekoration zurücklegen). Lauchzwiebeln und Knoblauch klein hacken und mit geschnittenen Kräutern und Schmand pürieren. Frischkäse und Milch unter die Kräutermasse rühren und mit Gewürzen und Zitronensaft pikant abschmecken.
Von Tomaten den Deckel abschneiden, Tomaten entkernen, Kräutercreme einfüllen und Deckel auflegen. Auf einer Platte anrichten, mit den übrigen Kräutern dekorieren. Eignet sich für ein kaltes Büfett.

Tipp:
Soll das Rezept kalorienreduziert werden, kann statt Schmand auch Quark verwendet werden.

Brennnessel-Auflauf mit Schinken

200 g junge Brennnesseln
4 Brötchen (vom Vortag)
2 Zwiebeln, gehackt
50 g Butter oder Margarine
4 Eier
200 g gekochter Schinken
150 g geriebener Emmentaler
Salz und Pfeffer

Brennnesseln im Salzwasser kurz aufkochen lassen, kalt abbrausen, abtropfen lassen, Brötchen würfeln. Milch aufkochen, darübergießen und ziehen lassen. Zwiebeln schälen, würfeln und in Butter oder Margarine glasig dünsten. Vom Herd nehmen. Brennnesseln, Brötchen und Eier darunter rühren. Schinken würfeln, untermischen und mit Salz und Pfeffer abschmecken. Feuerfeste Form einfetten. Auflaufmasse einfüllen und glatt streichen. Bei 200 °C 30 Min. im vorgeheizten Ofen backen, nach 20 Min. Käse darüber streichen.

Waldmeister –

Maikraut und Herzfreund

Es ist wohl die Maibowle, die den Waldmeister so beliebt gemacht hat. Die zarte Pflanze gehört zu den Labkrautarten und wächst in lichten Laub- und Mischwäldern. Für die Bowle wird der Waldmeister im April / Mai gesammelt, bevor er blüht. Zur Verwendung als Tee nimmt man die ganze blühende Pflanze und trocknet sie. Hauptwirkstoff ist das Cumaringlykosid und weitere Gerb- und Bitterstoffe. Cumarin verursacht den typischen Waldmeisterduft, der beim Welken der Pflanze entsteht.

Waldmeister hat viele positive Eigenschaften: Er wirkt u. a. herzstärkend, beruhigend, gefäßerweiternd und schlaffördernd. Waldmeister ist auch Bestandteil von Teemischungen.

Alte Volksweisheit:
„Waldmeister macht ein frohes Herz. Sind Menschen griesgrämig, so streut man Waldmeister auf den Fußboden oder füllt ihn in das Schlafkissen, dann wird im Hause Herzlichkeit einziehen."

Hausmittel

Noch heute ist **Waldmeistertee** ein gutes Schlafmittel für ältere Leute.

Rezept:
1 Teelöffel Waldmeister (getrocknetes Kraut) mit ¼ l kochendem Wasser aufbrühen, 5 Minuten ziehen lassen, abseihen, nach Belieben mit Honig süßen und unmittelbar vor dem Zubettgehen trinken.

Waldmeisterbowle – alkoholfrei

1 Büschel Waldmeister (10–15 Stängel)
1 Fl. Apfelsaft oder hellen Traubensaft
1 Fl. Mineralwasser (gut gekühlt)
1 ungespritzte Zitrone
Zucker nach Belieben

Waldmeister vor der Blüte sammeln und einige Stunden anwelken lassen. Die unteren Blätter von den Stängeln entfernen und den Waldmeister mit einem Faden bündeln. Kopfüber in den Saft hängen (nicht die Schnittfläche der Stiele!), Zitronenscheiben zugeben. 30 Min. zugedeckt stehen lassen, Waldmeisterbüschel entfernen, nach Belieben mit Zucker abschmecken und mit gekühltem Mineralwasser auffüllen. Ein Genuss für die ganze Familie.

Hinweis:
Waldmeister nicht überdosieren, weil er dann Kopfschmerzen verursacht!

Waldmeisterbowle

30 Stängel Waldmeister
50–100 g Zucker
2 Fl. leichter Moselwein
1 Fl. Sekt
½ Fl. Mineralwasser

Waldmeister vor der Blüte pflücken und einige Stunden anwelken lassen. Die unteren Blätter von den Stängeln entfernen. Den Waldmeister mit einem Faden bündeln. Den Zucker mit ½ Flasche Wein in ein Bowlengefäß geben und den Waldmeister kopfüber in den Wein hängen, so dass nur die Blätter, nicht die Stängelenden, in den Wein tauchen. 30 Min. zugedeckt ziehen lassen und entfernen. Mit restlichem Wein und Sekt, nach Belieben mit Mineralwasser, aufgießen und servieren.

1 Bund Waldmeister (vor der Blüte gesammelt)
50–100 g Zucker
¼ l Weißwein, trocken
¼ l Apfelsaft
6 Blatt weiße Gelatine
50 g Zucker
3 EL Wasser
2 Kiwis
1 Handvoll Gänseblümchen
Schlagsahne nach Belieben

Waldmeister-Götterspeise mit Gänseblümchen

Waldmeister waschen, trocken schütteln, Blätter abzupfen und leicht anwelken lassen. Die Blätter mit Wein und Apfelsaft begießen, 30 Minuten ziehen lassen, abseihen. Gelatine im kalten Wasser einweichen. Zucker mit drei Esslöffel Wasser erhitzen, umrühren und noch etwas Flüssigkeit zugießen. Gelatine ausdrücken und in der heißen Flüssigkeit auflösen, umrühren. Nun die gesamte Flüssigkeit zugeben; in Glasschälchen füllen und kalt stellen.
Die Götterspeise vor dem Servieren mit Kiwischeiben und Gänseblümchen verzieren. Schlagsahne dazugeben.

Tipp:
Der Waldmeister-Auszug kann auch nur mit Apfelsaft gemacht werden, wenn auf Alkohol verzichtet werden soll.

Küchenkräuter aus dem Würzgarten –

Verwendung und Wirkung

Das Interesse an einheimischen Kräutern und Gewürzen ist in den vergangenen Jahren wieder deutlich gestiegen. Das macht sich auch in der Küche bemerkbar. Statt zur fertigen Trocken-Gewürzmischung greifen viele beim Kochen gerne wieder zu frischen Stängeln, Blüten und Blättern, oft sogar aus eigenem Anbau. Wer einen eigenen Garten hat, kann dazu eine Kräuter- und Gewürzecke oder eine Kräuterschnecke anlegen, wer weniger Platz hat, kann im Balkonkasten oder auf dem Fensterbankerl zumindest die wichtigsten Pflanzen für den Hausgebrauch kultivieren. Früher waren Kräuterecken übrigens kein Luxus, sondern für die Selbstmedikation der bäuerlichen Bevölkerung ungemein wichtig. Das verdeutlicht das Oberpfälzer Freilandmuseum Neusath-Perschen bei Nabburg im Landkreis Schwandorf mit dem Garten beim Kolbeckhof, der zeigt, wie viele unterschiedliche und herrlich duftende Kräuter und Gewürze die Region zu bieten hat. Es muss also nicht immer mediterran sein.

Beinwell
Pfeffer-
minze
Salbei
Knoblauch
Schnitt-
Marien-
blatt

Pflanze	Erntegut	Verwendung zum Würzen	als Hausmittel	Wirkung
Basilikum (Ocimum basilicum) Lippenblütler	junge Blätter und Triebe – möglichst vor der Blüte	Suppen, Gemüse- oder Hackfleischgerichte, Salate, Kräuterbutter, Soßen	Tee Wein	verdauungsfördernd, beruhigend
Beifuß (Artemisia vulgaris) Korbblütler	Blütenrispen vor der Blüte ernten, trocknen	fetter Braten, Gänsebraten, Hammelfleisch, **sparsam dosieren!**	Tee Aperitif	Bitterstoffe fördern die Bekömmlichkeit fetter Speisen
Bergbohnenkraut (Satureja montana) Lippenblütler	Krautige Pflanzenteile	frisch oder getrocknet zu Bohnengerichten, Fleischspeisen (mitkochen), Eintöpfen, Kräuteröl	Tee	magenstärkend, verdauungsfördernd, schleimlösend
Borretsch (Borago officinalis) Rauhblattgewächs	junges Kraut, frische Blüten	von Gurken, Salaten, Fisch, Eiern, Quark, Grüner Soße, **sparsam dosieren!** Blüten zur Dekoration	Sirup	stoffwechselanregend, harntreibend, beruhigend, kühlend, belebend
Dill (Anethum graveolens) Doldengewächs	Frisches Kraut, reife Früchte (Samen)	Quark, Fischgerichte, Rohkost, Sauermilch-Speisen, zum Einlegen von Gurken	Tee vom Samen	beruhigend, krampflösend, bei Blähungen, schlaffördernd
Estragon (Artemisia dracunculus) Korbblütler	junge Triebspitzen und Blätter	Salat, Quark, Soßen, Eier, Braten, Kräuterbutter, Kräuteressig, Einlegen von Gurken, **sparsam dosieren!**	Essig	Bitterstoffe, verdauungsfördernd, harntreibend
Fenchel (Foeniculum vulgare) Doldenblütler	junge frische Triebe, Samen getrocknet	frisches Grün zum Würzen von Salaten und Soßen, Fisch, Quark, Backwaren	Tee, Likör, Samen kauen, Augenkompressen	krampflösend, gegen Blähungen bei Magen-Darm-Erkrankung, auswurffördernd bei bei Husten und Asthma
Gartenkresse (Lepidium sativum) Kreuzblütler	frisches Kraut	Salate, Rohkost, Quark, Kartoffeln, Eier, Butterbrotbelag, Grüne Soße	–	blutreinigend, verdauungsfördernd, harntreibend

Pflanze	Erntegut	Verwendung zum Würzen	als Hausmittel	Wirkung
Kapuzinerkresse (Tropaeolum majus) Kapuzinergewächse	frische Blätter, Blüten, Knospen	Salate, Rohkost, Quark, Butterbrotbelag		verdauungsfördernd, appetitanregend, antibiotisch, gegen Harnwegsinfekte, **sparsam dosieren!**
Kerbel (Anthriscus cerefolium) Doldenblütler	frisches Kraut, Ernte vor der Blüte	Salate, Suppen, Grüne Soße, Kräuterbutter, Quarkbrotaufstrich, Eierspeisen	Tee	appetitanregend, stoffwechselfördernd
Knoblauch (Allium sativum) Liliengewächse	Zwiebel und grüne Blätter	Salate, Rohkost, Brotbelag, Quark, Fleisch, Fisch	Elixier	verdauungsfördernd, günstiger Einfluss auf Gefäßsystem, antibiotisch
Kümmel (Carum carvi) Doldenblütler	Früchte Samen	Kohlgerichte, Fleisch, Käse, Kartoffeln, Brot, Quark, Salate, Suppen, Likörherstellung	Tee, Likör, Kümmelmilch, Kümmelkissen	magenstärkend, gut gegen Blähungen, verdauungsfördernd, krampflösend
Liebstöckel (Levisticum officinale) Doldenblütler	frische Blätter	Suppen, Soßen, Eintopf, Fleischgerichte (mitkochen), Gemüsebrühe, **sparsam dosieren!**	–	verdauungsfördernd, wassertreibend **Vorsicht:** reizt die Nieren **Nicht in der Schwangerschaft verwenden!**
Majoran (Origanum majorana) Lippenblütler	junge Triebe, blühendes Kraut	Fleisch, Wurst, Pizza, Geflügel, Rohkost, Tomatengerichte, Kräuteröl	Tee, Kopfdampfbad, Salbe zum Einreiben	verdauungsfördernd, magenstärkend, krampflösend, gegen Schnupfen
Meerrettich (Armoracia rusticana) Kreuzblütler	Wurzel	Fleisch, Fisch, Eier, Wurst, als Beilage	Meerrettich: – Sirup, – Halskette, – Kompresse	verdauungsfördernd, harntreibend, gegen Frühjahrsmüdigkeit, gegen Erkältung, antibiotisch

Pflanze	Erntegut	Verwendung zum Würzen	als Hausmittel	Wirkung
Minze-Arten (Mentha-Arten) **Pfefferminze** (Mentha x piperita) Lippenblütler	frisches Kraut, getrocknete Blätter	Suppen, Soßen, Salate, Rohkost, Quark, Gelee, Kräuteressig	Tee, Aperitif, Likör	entkrampfend bei Magen-Darm-Beschwerden, regt Gallefluss an, gegen Erkältung **Als Tee kein Dauergebrauch!**
Petersilie (Petroselinum crispum) Doldenblütler	frisches Kraut	Suppen, Soßen, Gemüse, Salate, Kartoffeln, Rohkost Nicht mitkochen!	Herzwein von Hildegard von Bingen	verdauungsfördernd, entwässernd, blutreinigend, Vitamin-C-haltig **Nicht zu hoch dosieren!**
Pimpinelle (Sanguisorba minor) Rosengewächs	junge Blätter	Salate, Quark, Suppen, Kräuter-Soßen, Käse, Eier, Tomaten	Vitamin-C-Spender: 450 mg auf 100 g frische Blätter (Spitzenwert!)	schleimlösend, harntreibend, verdauungsfördernd, stärkt die körpereigenen Abwehrkräfte
Rosmarin (Rosmarinus officinalis) Lippenblütler	krautiges Pflanzenteil	Fleisch-, Grillgerichte, Kartoffeln, Gemüsespeisen, Kräuteröl **Sparsam dosieren!**	Tee, Rosmarinwein, Tinktur	durchblutungsfördernd, regt Herz- und Kreislauf an, gegen niedrigen Blutdruck **Nicht bei Schwangerschaft!**
Salbei (Salvia officinalis) Lippenblütler	Blätter	Fisch, Fleisch, Ausbackteig, Essig, Öl **Sparsam dosieren!**	Tee, Salbeihonig -tinktur, -mundwasser	gegen Atemwegserkrankung, Nachtschweiß, verdauungsfördernd, keimtötend, entzündungshemmend
Schnittlauch (Allium schoenoprasum) Liliengewächse	Kraut, Ernte vor der Blüte	Salate, Suppen, Soßen, Quark, Eier, Kartoffelgerichte, Butterbrotbelag	–	appetitanregend, verdauungsfördernd
Süßdolde (Myrrhis odorato) Doldenblütler **Gartenpflanze! – keine Wildpflanze!**	Blätter und Grüne Samen **Nicht verwechseln mit giftigen Doldenblütlern aus der freien Natur!**	Salate, Suppen, Desserts, Gelee, Likör	Sirup und Tee	magenstärkend, verdauungsfördernd, schleimlösend bei Asthma und Bronchitis

Pflanze	Erntegut	Verwendung zum Würzen	als Hausmittel	Wirkung
Thymian (Thymus vulgaris und Thymius x citriodorus) Lippenblütler	junge Triebe, Kraut	Fleisch- und Gemüsegerichte, Wurst, Pizza, Kartoffeln, Soßen	Tee, Oleinreibung, Badezusatz, Kräuterkissen	schleimlösend bei Husten und Bronchitis, krampflösend
Ysop (Hyssopus officinalis) Lippenblütler	Kraut	Salate, Soßen, Kartoffel- und Fleischgerichte, Kräuterweine	Tee	verdauungsfördernd, bei Erkrankung der Atemwege
Zitronenmelisse (Melissa officinalis) Lippenblütler	frische Blätter	Salate, Quark, Kräuteressig, Kräuteröle	Tee, Likör	nervenstärkend, gegen Schlaflosigkeit, gegen Blähungen
Zwiebel (Allium cebal) Liliengewächs	Zwiebel und grüne Schloten	Salate, Suppen, Soßen, Rohkost, Fleisch, Kartoffeln, Gemüsegerichte, Quark, Käse	Zwiebelwein, -saft, -sirup, -tee	sekretionsanregend, verdauungsfördernd, Wasser treibend, vorbeugend gegen Erkältungskrankheiten

Der Sommer naht: Holunderblüten –

Frau Holles Goldregen

Der Holunderstrauch ist eine alte Kultur- und Heilpflanze und nach der Göttin Holle / Holda benannt.
Er präsentiert im Frühsommer sein prächtiges Blütenkleid und der Blütenduft vermittelt uns ein Gefühl von Sommer, Sonne und Wärme. Aus den Blüten kann man Köstliches für kalte Wintertage konservieren.
In dieser Jahreszeit steht die Holunderblüte im Mittelpunkt, bei sachgerechter Trocknung liefert sie einen ausgezeichneten Heiltee.
Holunderblüten-Tee – heiß getrunken – ist schweißtreibend und wirkt bei fiebrigen Erkältungskrankheiten, da er die körpereigenen Abwehrkräfte mobilisiert. Schon zur Vorbeugung sollte Holunderblüten-Tee getrunken werden. Wirksam ist dieser Tee auch bei rheumatischen Beschwerden und bei Neigung zu kalten Füßen. In diesem Fall wird der Tee kurmäßig (3 Wochen lang dreimal täglich eine Tasse Tee) getrunken.

Hausmittel-Tipps

Wohlfühl-Kur mit Holunderblüten
Täglich 4 frische Holunderblütendolden in einem halben Liter Wasser aufkochen und 5–10 Minuten ziehen lassen. Den Blütenauszug über den Tag verteilt trinken. Diese Kur sollte während der ganzen Holunderblüten-Saison durchgeführt werden (ca. vier Wochen). Die Kur steigert das Wohlbefinden und soll sogar eine „verjüngende" Wirkung haben.
In der Volksmedizin wird der Tee aus frischen Holunderblüten auch gegen unreine Haut empfohlen.

Holunderblüten-Bad
7 Holunderblütendolden (sollten noch nicht ganz aufgeblüht sein) werden einen Tag lang in kaltes Wasser gelegt und dann abgeseiht.
Der Blütenauszug wird dem warmen Bad zugesetzt und soll die Haut schön zart und weich machen.

Holunderblüte macht müde
Der Volksmund sagt: „Wenn man sich unter einen blühenden Holunderbusch legt, schläft man ein und wacht nicht mehr auf." Das stimmt zum Glück nicht, aber der intensive Duft hat eine ermüdende Wirkung. Thüringer Bäuerinnen berichteten mir, dass die Legeleistung ihrer Freiland-Hennen während der Holunderblüte stark nachlässt oder ganz aufhört.

Teezubereitung

2 gehäufte Teelöffel getrocknete Holunderblüten mit ¼ l kochendem Wasser übergießen und 10 Min. ziehen lassen. Heiß trinken bei fieberhaften Erkältungen.
Zur Vorbeugung und bei rheumatischen Beschwerden genügt 1 Teelöffel voll Holunderblüten auf ¼ l Wasser. Kurmäßig 3 Wochen lang tägl. 2–3 Tassen trinken.
Holunderblüten-Tee ist auch in Apotheken und im Kräuterfachhandel erhältlich. Die Blütendolden können natürlich auch während der Blütezeit im Mai/Juni selbst gesammelt werden. Wichtig ist ein sorgfältiges, schonendes Trocknen, damit die Wirkstoffe erhalten bleiben.

Tipps zum Trocknen

Die Holunderblüten-Dolden bei sonnigem Wetter abschneiden (nicht waschen!), dicke Stiele entfernen, locker auf einem mit Stoff bespannten Holzrahmen ausbreiten, so dass von unten und oben Luft an die Blüten kommen kann. Größere Mengen können auch auf einem Wäscheständer getrocknet werden, der mit einem Spannbetttuch bespannt ist. Getrocknet wird in einem luftigen Raum mit gekipptem Fenster. Die Blüten täglich einmal vorsichtig wenden. Wenn sie trocken sind, in Dosen füllen.
Die getrockneten Blüten sollten eine gold-gelbe Farbe haben und noch angenehm und intensiv duften! Sind die Blüten durch unsachgemäßes Trocknen braun fermentiert, haben sie keine Heilwirkung mehr. Trocknen sollte man weder im Backofen noch in der prallen Sonne.

Hinweis: Verwendung von frischen Blüten
Nach der Blütenernte sind manchmal kleine Käfer in den Blütendolden. Die Kleinlebewesen verschwinden von selbst, wenn man die Dolden kurze Zeit locker in einen Korb oder auf ein Tuch legt!

Holunderblüten-Küchle

12–15 frische Holunderblütendolden
200 g Mehl
2 frische Eier, getrennt
1/4 l Milch oder dunkles Bier
2 TL Öl
1 Prise Salz
Ausbackfett
Zum Bestreuen: Zucker und Zimt

Backteig herstellen:
Aus dem gesiebten Mehl, Eigelb, Öl, Milch bzw. Bier und einer Prise Salz einen Teig rühren, wie Pfannkuchenteig. Den Eischnee schlagen und unterziehen. Die Blütendolden in den Backteig eintauchen und in heißem Fett schwimmend ausbacken. Auf Küchenkrepp abtropfen lassen und mit Zucker und Zimt bestreuen und heiß servieren.

Holunderblüten-Limo

15–20 Holunderblütendolden
5 l Wasser
300 g Zucker
100 ml Obstessig
1 unbehandelte Zitrone
1 Handvoll Zitronenmelissen-Blätter
Eiswürfel zum Servieren

Das Wasser in einen großen Topf gießen. Den Zucker in das Wasser geben und unter Rühren auflösen. Essig und Holunderblütendolden dazugeben. Bei den Holunderblüten darauf achten, dass sie frei von Insekten sind (siehe Hinweis). Die Zitrone in dünne Scheiben schneiden und hineinlegen. Die Flüssigkeit etwa 20 Stunden an einem warmen Ort ziehen lassen. Anschließend die gewaschenen Blätter der Zitronenmelisse dazugeben und ca. 3–4 Stunden in den Kühlschrank stellen. Danach wird das Getränk abgeseiht und in Gläsern serviert. Nach Belieben können noch ein paar Eiswürfel und frische Zitronenmelissenblätter in jedes Glas gegeben werden. Früher wurde dieses prickelnde Erfrischungsgetränk bei der Heuernte oder Feldarbeit getrunken.

Holunderblüten-Zucker

Getrocknete Holunderblüten werden etwas zerrieben und mit Zucker (gut geeignet ist Puderzucker) vermischt. Bei Gebrauch siebt man das Gemisch. Dieser Holunderblüten-Zucker ist eine Alternative zu dem künstlichen Vanillinzucker und kann Teigen beigegeben werden. Auch Kuchen, Waffeln, Pfannkuchen und Krapfen lassen sich damit überstäuben.

20 frische Holunderblütendolden

3/4 l Apfelsaft

1 TL Ascorbinsäure (Apotheke)

1 kg Gelierzucker

Apfel-Holunderblütengelee

Die frischen Blüten kurz auslegen oder gut schütteln, damit kleine Insekten verschwinden (siehe Hinweis). Die dicken Stiele entfernen und die Blütendolden in eine Schüssel legen. Die Ascorbinsäure darüberstreuen und mit Apfelsaft begießen. Zugedeckt einen Tag lang stehen lassen, dann absieben und mit Gelierzucker verrühren. Zum Kochen bringen – 4 Min. sprudelnd kochen lassen. In Gläser füllen und verschließen.

15 Holunderblütendolden

1 l Mineralwasser

35 g Ascorbinsäure (Apotheke)

ca. 700 g Zucker

2 Fl. Korn (38 %) je 0,7 l

Holunderblüten-Likör „Sonnengold"

Die Ascorbinsäure im Mineralwasser auflösen und 15 frische Holunderblütendolden hineinlegen.
12–15 Stunden ziehen lassen, gelegentlich umrühren, dann abseihen. In die Flüssigkeit den Zucker rühren, bis er sich aufgelöst hat. Die Flüssigkeit abmessen und zu gleichen Teilen mit 38 %igem Korn auffüllen. In Flaschen füllen und noch 4 Monate im Keller ruhen lassen.
Allmählich entwickelt sich in der Likörflasche ein zarter, goldgelber Glanz.

500 g Quark
Saft einer Zitrone
6 EL Holunderblüten-Sirup
Honig nach Geschmack
1 Becher Schlagsahne

Holunderblüten-Quark-Sahne-Creme

Quark mit Zitronensaft, Blütensirup und Honig cremig rühren, gut abschmecken. In Glasschälchen anrichten, mit Schlagsahne servieren und nach Belieben mit Holunderblüten-Sirup beträufeln.

3 Holunderblütendolden
1 Flasche Weißweinessig oder weißer Balsamico-Essig

Holunderblüten-Essig

Von den Blütendolden die groben Stängel entfernen, dann in eine Weithalsflasche geben. Mit Essig vollkommen abdecken. Vier Wochen stehen lassen, dann abseihen und in geeignete Flaschen füllen. Der Essig eignet sich für feine Salate und Fischspezialitäten.

Holunderblüten-Kaltschale

- 4 Holunderblütendolden
- 1 l Milch
- 1 EL Speisestärke
- 3 frische Eier, getrennt
- Zucker nach Geschmack
- 1 Prise Salz und Zimt

Die Holunderblütendolden in der Milch aufkochen. Von der Kochstelle nehmen, kurz ziehen lassen und die Blüten entfernen. Das Stärkemehl mit wenig Wasser anrühren, in die Holundermilch geben und aufkochen. Eigelb unterrühren, mit Zucker abschmecken und kalt stellen.
Vor dem Servieren das Eiweiß mit einer Prise Salz zu steifem Schnee schlagen und unter die Kaltschale heben. Mit Zucker und Zimt bestreuen oder mit frischen Holunderblüten garnieren.

Anmerkung:
Die Kaltschale ist ideal für heiße Tage.

Hugo – das Kultgetränk

Rezept für 2 Personen

- 300 ml Prosecco
- 200 ml prickelndes Mineralwasser
- 2 Limettenscheiben
- 2 Schnapsgläser voll Holunderblüten-Sirup
- ein paar frische Minzeblätter
- Eiswürfel

Je 2 Minzeblätter in ein Weinglas legen. Limettenscheibe und Eiswürfel dazugeben. Mit Holunderblüten-Sirup, Prosecco und Mineralwasser auffüllen.
„Hugo" ist ein erfrischender Longdrink und kann auch mit Sekt oder Weißwein kreiert werden.

25–30 Holunderblütendolden
3 l Wasser
2 kg Zucker
100 ml Obstessig
2 unbehandelte Zitronen
50 g Ascorbinsäure (Apotheke)

Holunderblüten-Sirup „Heuernte"

Die Holunderblütendolden von Insekten befreien, nicht waschen. Die Blütenstängel abschneiden. Blüten in einen großen Topf geben. Wasser mit Zucker aufkochen, abkühlen lassen, dann Ascorbinsäure im Zuckerwasser auflösen. Zitronen waschen, in Scheiben schneiden und zu den Blüten geben. Nun das Zuckerwasser auf die Blüten gießen, vorsichtig umrühren. Zugedeckt dunkel und kühl stehen lassen, täglich kontrollieren und einmal umrühren.
Nach sechs Tagen abseihen und noch einmal aufkochen. Heiß in saubere Twist-Off-Flaschen abfüllen und im Keller aufbewahren.

Hinweis:
Dieser aromatische Blütensirup wird mit Wasser verdünnt und war früher als Erfrischungsgetränk beliebt bei der Heuernte. Heute wird der Sirup auch zur Herstellung von „Hugo" verwendet und mit Sekt oder Prosecco gemischt.

Juni Juli

Sommer

Süße Früchte aus dem Naschgarten

Im Sommer wartet die Natur mit ihrem großen Reichtum an verschiedenen aromatischen Früchten auf. Wer geht nicht gerne in den Garten und genießt die köstlichen Beeren direkt vom Strauch?
Wärme und Sonnenschein sind sehr wichtig für den Reifungsprozess. Eine alte Bauernregel sagt: „Im Juli wärmender Sonnenschein macht alle Früchte reif und fein“ oder „Nur in der Juli-Glut wird Obst und Wein gut.“ Der Juli hat normalerweise die meisten Sonnenscheinstunden, er lässt die Früchte reifen, und der August gilt als der große Erntemonat. Fast die gesamte Palette des Beerenobstes wird reif und muss verwertet werden, sei es frisch gegessen oder eingemacht und verarbeitet zu Saft, Marmelade, Gelee, Chutney oder Likör. Der Sonnenschein des Sommers wird im Glas eingefangen und im Winter genossen!
Beerenfrüchte entwickeln unter der Sonneneinstrahlung ihr typisches Aroma, reichlich Vitamine und vor allem wertvolle sekundäre Pflanzenstoffe. Diese schützen nicht nur die Pflanze selbst, sondern bieten auch Schutzbarrieren für die menschlichen Körperzellen, wirken antioxidativ, stärken das Immunsystem und beugen dadurch Krankheiten vor.

August

Erdbeere – süße Verlockung

Den Auftakt in der Beerensaison machen die heimischen Erdbeeren, die nicht nur im Garten ihre verlockenden Düfte und leuchtend roten Farben präsentieren, sondern auch auf Erdbeerfeldern gepflückt werden können. Selbst Balkone und Terrassen lassen sich als „Erdbeer-Naschgarten“ nutzen, zum Beispiel mit Hänge- und Klettererdbeeren. Eine kleine „Erdbeerwiese“, angelegt im eigenen Garten, erfreut besonders die Kinderherzen. In lichten Wäldern oder Gebüschen leuchten die Walderdbeeren, die aromatischer als Kulturerdbeeren sind. Man sollte sie aber nie ungewaschen essen, weil eine Gefahr vom Fuchsbandwurm ausgeht! Walderdbeeren können auch im Garten angesiedelt werden, entweder als Wegrandbepflanzung oder als Bodendecker an halbschattigen Plätzen. So schafft man sich einen kleinen „Naschgarten“. Wer die Erdbeersaison verlängern möchte, kann auf die kultivierte Monatserdbeere ausweichen.

Erdbeeren sind vielseitig verwendbar, am besten schmecken sie frisch gepflückt vom Strauch. Sie sollten nach der Ernte schnell verarbeitet oder eingefroren werden, da sie leicht verderben oder schimmeln.
Erdbeeren sind sehr beliebt und lassen sich auf vielfache Weise genießen.

Inhaltsstoffe:
Erdbeeren liefern viel Vitamin C (60mg/ 100 g) und enthalten Kalium, Magnesium, Calcium und vor allem Ellagsäure, diese stärkt die körpereigenen Abwehrkräfte, wirkt krebshemmend und antioxidativ.

Gesundheitstipp:
Erdbeeren wirken entwässernd. 250 g frische Erdbeeren während der Saison täglich essen verbessert die Leber-Galle-Funktion und fördert die Wasserausscheidung.

Hinweis:
Erdbeeren können allergische Reaktionen auslösen.

Erdbeerschälchen

100 g feine Haferflocken
25 g Zucker
25 g Butter
400 g frische Erdbeeren
Zucker nach Geschmack
etwas Zitronenschale, unbehandelt
1 Teelöffel Zitronensaft
200 g süße Sahne
1 Päckchen Vanillezucker

Haferflocken, Zucker und Butter in einer Pfanne goldgelb rösten und abkühlen lassen. Erdbeeren waschen, mit Zucker, Zitronenschale und Zitronensaft abschmecken. Die Sahne steif schlagen und mit dem Vanillezucker süßen. Die Erdbeeren in Schälchen verteilen, mit Röstflocken bestreuen und mit der Sahne garnieren.

Praktischer Tipp:
Wenn man eine Zitrone abreibt, sollte man auf die Reibe ein Stück Pergamentpapier legen. Dadurch bleibt die Reibe sauber und man braucht die Zitronenschale nur noch von dem Papier abzukratzen.

Anmerkung:
Statt Sahne schmeckt auch sehr gut Quark oder Joghurt.

Erdbeer-Shake

300 g Erdbeeren
1 l Kefir
4 Kugeln Vanilleeis

Die Erdbeeren verlesen, waschen, abtropfen lassen. Einige Erdbeeren zum Garnieren zurücklegen.
Die übrigen Erdbeeren mit Kefir und Vanilleeis im Mixer pürieren.
Erdbeer-Shake in hohe Gläser füllen, den Rand mit Erdbeeren dekorieren und sofort servieren.

Tipp:
Dazu können auch Erdbeeren aus der Tiefkühltruhe verwendet werden.

Erdbeer-Joghurt-Kaltschale

500 g frische Erdbeeren
4 Becher Vollmilch-Joghurt (gekühlt)
¼ l Vollmilch
80 g Zucker
1 Päckchen Vanillezucker

Erdbeeren verlesen, waschen, gut abtropfen lassen. Einige Erdbeeren für die Dekoration zurücklegen. Erdbeeren in eine Glasschüssel geben, zwei Esslöffel Zucker darunter streuen und zugedeckt kalt stellen.
Joghurt mit restlichem Zucker, Vanillezucker und Milch in eine Schüssel geben, schaumig schlagen und über die kalt gestellten Erdbeeren gießen. Mit Erdbeeren dekorieren. Die Kaltschale kühl stellen und kalt servieren.

Erdbeertraum

1 kg Erdbeeren
1 Orange (Schale, unbehandelt)
4 EL Orangenlikör
250 g Magerquark
Milch
1–2 EL flüssiger Honig
1 Päckchen Vanillepulver
1 Prise geriebene Muskatnuss
¼ l Sahne
1 EL Pistazienkerne

Die Erdbeeren waschen, trocken tupfen. 8 Früchte beiseite legen, die anderen halbieren. Die Orange abreiben und auspressen. Den Likör mit dem Orangensaft sowie der Orangenschale verrühren und über die halbierten Erdbeeren träufeln. 30 Minuten zugedeckt in den Kühlschrank stellen. Den Quark mit Milch cremig rühren. Den Honig und die Gewürze zugeben. Die Sahne steif schlagen und vorsichtig unter die Quarkcreme heben. In gekühlte Dessertgläser abwechselnd eine Schicht Sahnequark und eine Schicht Erdbeeren geben. Die letzte Schicht sollte Sahnequark sein. Mit je 1 ganzen Erdbeere und kleingehackten Pistazienkernen garnieren.

Erdbeer-Bowle

300 g Erdbeeren
50 g Zucker
1 Fl. leichter Weißwein
1 Fl. Sekt

Die Erdbeeren verlesen, unter fließendem Wasser waschen und gut abtropfen lassen. Die Früchte in ein Bowlengefäß geben, leicht zuckern. Zugedeckt eine Stunde ziehen lassen, damit sich das Aroma entfalten kann. Den gekühlten Weißwein zugießen, nochmals eine Stunde ziehen lassen. Unmittelbar vor dem Servieren mit dem gut gekühlten Sekt auffüllen.

Tipps:
Für dieses Rezept können auch Monatserdbeeren verwendet werden.

Bowle kühl halten (8–10 °C). Nie Eis direkt in die Bowle geben, sondern Bowlengefäß in einen Behälter mit Eis stellen.

150 g Butter
200 g Mehl
1 Messerspitze Backpulver
75 g Zucker
1 Päckchen Vanillezucker
2 Eier
125 ml Milch
Öl fürs Waffeleisen
200 g Erdbeeren
Vanilleeis
Puderzucker zum Bestreuen

Erdbeerenwaffeln mit Vanilleeis

Erdbeeren waschen, putzen, trocken tupfen und fein hacken oder grob pürieren. Butter, Zucker, Vanillezucker und Eier schaumig rühren. Mehl mit Backpulver sieben und mit Milch in die Schaummasse rühren. Zerkleinerte Erdbeeren untermischen. Konsistenz des Teigs prüfen, Teig muss dickflüssig sein. Falls er zu dick ist, etwas Wasser zugeben. Waffeleisen erhitzen und mit Öl einpinseln. Mit kleinem Schöpflöffel Teig auf das Waffeleisen verteilen. Den Deckel schließen, die Waffeln 3–4 Min. goldgelb backen.
Die warmen Waffeln mit Puderzucker bestreuen und mit Vanilleeis servieren.

500 g Erdbeeren
500 g Honigmelone
1 kg Gelierzucker 1:1

Erdbeer-Melonenkonfitüre

Die Erdbeeren waschen, abtropfen lassen, Blättchen und Stiele entfernen und die Früchte pürieren. Honigmelone aufschneiden, die Kerne mit einem Löffel herausnehmen und schälen. Melone abwiegen und in kleine Würfel schneiden. Erdbeerpüree und gewürfelte Melonen mit Gelierzucker vermischen und 3–4 Stunden ziehen lassen. Dann die Masse zum Kochen bringen, 4 Minuten unter Rühren sprudelnd kochen lassen, heiß in Gläser füllen und sofort verschließen.

2 kleine Honigmelonen
500 g gemischte Beerenfrüchte (z. B. Erdbeeren, Himbeeren, Heidelbeeren oder Johannisbeeren)
400 g Magerquark
150 g Vollmilch-Joghurt
50 g Zucker
1 Päckchen Vanillezucker
50 g Hirseflocken (Reformhaus)
4 Waffelröllchen

Quarkdessert mit Melone und Beerenfrüchten

Melone quer halbieren und mit einem Portionierer aus dem Fruchtfleisch kleine Melonenkugeln ausstechen.
Die Beerenfrüchte waschen und abtropfen lassen. Quark mit Joghurt und Hirseflocken verrühren und mit Zucker und Vanillezucker süßen. Die Melonenkugeln und einen Großteil der Beeren unterheben. Die vier Melonenhälften rundum mit einem Messer wellenförmig einschneiden und mit dem Fruchtquark befüllen. Das Quarkdessert mit den restlichen Beerenfrüchten und den Waffelröllchen anrichten. Kühl servieren.

Tipp:
Sind keine frischen Beeren vorhanden, können auch tiefgekühlte Früchte verwendet werden.

500 g Erdbeeren
2 Handvoll ungespritzte Rosenblüten
Saft einer Zitrone
1/4 l Wasser
1 kg Gelierzucker 1:1

Erdbeer-Rosenblüten-Marmelade

Erdbeeren waschen, putzen, abtropfen lassen. Rosenblütenblätter verlesen, weiße Blütenansätze wegschneiden. Erdbeeren mit Wasser und Rosenblüten im Mixer mixen. Zitronensaft dazugeben. Das Fruchtpüree abmessen, evtl. mit Wasser auf einen knappen Liter auffüllen. In einen Topf gießen, Gelierzucker dazugeben und vier Minuten sprudelnd kochen. Heiß in saubere Twist-Off-Gläser füllen.

200 g reife Walderdbeeren
150 g weißer Kandis
1/2 Vanilleschote
1 Fl. Cognac (0,75 l)

Erdbeer-Likör

Die Erdbeeren verlesen, unter fließendem Wasser waschen, gut abtropfen lassen. Erdbeeren, Kandis und Vanilleschote in eine weithalsige Flasche füllen. Den Cognac darübergießen und 4–6 Wochen ziehen lassen. Abfiltern, in eine Flasche füllen und noch einige Wochen stehen lassen.

Tipp:
Dieser Likör bekommt durch Walderdbeeren ein besonders feines Aroma, es können aber auch Monatserdbeeren verwendet werden.

Himbeere – seit der Steinzeit begehrt

Die Himbeere begleitet den Menschen schon seit der Steinzeit, wie historische Funde belegen. Der sommergrüne Himbeerstrauch gehört ebenso wie die Erdbeere und der Brombeerstrauch zur Familie der Rosengewächse. Er vermehrt sich durch Ausläufer und seine rutenartigen Schösslinge verholzen im ersten Jahr. Die Pflanze ist mehrjährig und wird bis zu zwei Meter hoch.
Himbeeren zählen zu den Wildfrüchten, werden aber auch im Garten kultiviert, und in Baumschulen und Gartencentern gibt es ein umfangreiches Himbeersortiment für den Eigenanbau. Bei der Sortenwahl sollte man darauf achten, wie kalt der Standort im Winter ist.

Inhaltsstoffe:
Himbeeren enthalten Aromastoffe, Pektine, Fruchtsäuren, Vitamin C, Vitamin B1, B2 und Mineralstoffe (Kalzium, Magnesium, Eisen, Phosphor und Zink).
Die Blätter enthalten Gerbstoffe, ätherische Öle und organische Säuren. Sie haben aufgrund des Gerbstoffgehalts eine adstringierende Wirkung bei Durchfall und Entzündungen im Mund- und Rachenraum. Zum Trinken oder Gurgeln nimmt man Blättertee. Die jungen zarten Blätter werden im Frühjahr gepflückt und schonend luftgetrocknet.
Die scharlachrote Frucht reift im Juli / August, schmeckt fruchtig-süß und wird vom Feinschmecker sehr geschätzt. Aus den reifen Beeren wird Sirup und Saft gewonnen. Himbeersaft wirkt fiebersenkend und ist ein ausgezeichneter Gesundheitstrunk.
Aus den Früchten können weitere Köstlichkeiten kreiert werden, wie zum Beispiel Gelee, Marmelade, Desserts, Kuchenbelag und Liköre, aber am besten schmecken sie frisch vom Strauch.

Tipp:
Himbeeren gehören zum Weichobst, sie sind druckempfindlich und schimmeln leicht, darum sollen sie umgehend verbraucht oder eingefroren werden.

2 große oder 4 kleine reife Pfirsiche
300 g Himbeeren
1 EL Zitronensaft
2 EL flüssiger Honig
5 EL Sahne
1 TL Vanillezucker

Pfirsiche mit Himbeerpüree

Die Pfirsiche in einem Topf mit kochend heißem Wasser überbrühen. 1 Minute im heißen Wasser liegen lassen, das Wasser abgießen und die Pfirsiche häuten. Die Pfirsiche halbieren, die Steine herauslösen.
Die Himbeeren waschen, abtropfen lassen und im Mixer pürieren oder durch ein Sieb streichen. Den Zitronensaft und den Honig unter das Himbeerpüree rühren.
Die Pfirsichhälften mit der Rundung nach unten auf Dessertteller legen und die Mulden mit dem Himbeerpüree füllen. Die Sahne zusammen mit Vanillezucker steif schlagen und mit dem Spritzbeutel auf das Himbeerpüree spritzen.

In sonnenreichen Sommern werden auch bei uns die wärmeliebenden Pfirsiche süß und saftig. Von Ende Juli bis in den September hinein gibt es dieses Obst aus heimischer Ernte. Außerdem bietet der Obsthandel gute Qualität aus den europäischen Nachbarländern.

250 g Himbeeren
6 Blatt weiße Gelatine
60 g Zucker oder Honig
Saft von 1 Zitrone
4 Becher Vollmilch-Joghurt
1 Becher süße Sahne
50 g Mandelplättchen

Himbeer-Creme „Morgenröte"

Die Gelatine im kalten Wasser einweichen, dann ausdrücken und im warmen Wasserbad auflösen.
Den Joghurt in eine Schüssel geben und Zucker, Zitronensaft und die aufgelöste Gelatine vermischen (Joghurtcreme). Mit dem Schneebesen gut durchschlagen und kalt stellen. Inzwischen Himbeeren im Mixer pürieren (4 Himbeeren zurücklassen). Himbeerpüree in Gläser verteilen. Die Sahne steif schlagen und unter die Joghurtcreme mischen. Die Joghurtcreme über das Himbeerpüree geben und kalt stellen. Mandelplättchen in der Pfanne goldgelb rösten, abkühlen lassen.
Die fertige Creme vor dem Servieren mit Himbeeren und Mandelplättchen garnieren.

300 g Himbeeren
500 g Äpfel
50 g Zucker
Saft von 1 Zitrone
125 ml Wasser

Zum Backteig:
4 Eier
100 g Zucker
100 g Mehl Type 1050
1 Päckchen Vanillezucker
Butter für die Form

Himbeer-Apfel-Biskuitauflauf

Himbeeren verlesen, kurz waschen, gut abtropfen lassen. Äpfel waschen, schälen, halbieren und Kernhaus entfernen. Sud vorbereiten: Wasser mit Zitronensaft und Zucker in einem Topf zum Kochen bringen. Die Äpfel in diesem Sud halbweich kochen. Äpfel auf ein Sieb legen, abtropfen lassen. Den Boden einer Auflaufform mit Butter einfetten. Die abgetropften Apfelhälften hineinlegen. Die Himbeeren darüberstreuen, nach Belieben leicht zuckern.

Biskuitteig herstellen:
Die Eier trennen. Den Eischnee sehr steif schlagen, kalt stellen. Schaummasse herstellen aus Eigelb, Zucker, Vanillezucker. Den steifen Eischnee auf die Schaummasse geben. Das Mehl darübersieben, mit dem Schneebesen locker unterheben – nicht rühren. Den lockeren Teig über das Obst geben. Im vorgeheizten Backofen 20–30 Min. bei mittlerer Hitze goldgelb backen. Heiß servieren mit Vanillesoße oder Weinschaumsoße.

Tipps:
Es können auch tiefgefrorene Himbeeren verwendet werden!
Auch kalt schmeckt der Auflauf sehr gut.

Weinschaumsoße

½ l Weißwein
2 frische Eier
1 EL Stärkemehl
2 EL Zitronensaft
geriebene Schale einer ungespritzten Zitrone

Ein Ei trennen, den Eischnee von diesem Ei sehr steif schlagen – kalt stellen. Eigelb, ganzes Ei, Zucker und Zitronenschale in einen halbhohen Topf geben. Das Stärkemehl mit dem elektrischen Handrührgerät unterrühren. Den Wein beifügen. Die Masse erhitzen, so lange schlagen, bis sie aufpufft. Sofort vom Herd nehmen, Zitronensaft zugeben und kurz weiterschlagen. Unter die heiße Masse den Eischnee heben.

Tipp:
Eignet sich zu Biskuitspeisen, Aufläufen oder warmem Pudding.

Himbeer-Tiramisu

500 g Himbeeren
5 EL Zucker
2 EL Wasser
3 Eigelb
200 g Sahne
250 g Mascarpone
200 g Löffelbiskuit

300 g Himbeeren mit 1 EL Zucker und dem Wasser pürieren. Eigelb mit dem restlichen Zucker schaumig rühren. Sahne steif schlagen. Mascarpone mit einem Handrührgerät auf niedriger Stufe unter den Eigelbschaum rühren und die geschlagene Sahne unterheben. Eine flache Auflaufform mit den Löffelbiskuits auslegen. Das Himbeerpüree auf die Biskuits verteilen und die Hälfte der Creme über das Püree geben. Die übrigen Himbeeren zerkleinern und auf die Creme geben. Mit der restlichen Creme bedecken. Einige Stunden oder über Nacht im Kühlschrank durchziehen lassen.
Vor dem Servieren mit Kakaopulver bestäuben. Köstliche, aber kalorienhaltige Speise!

Tipp:
Dieses Tiramisu lässt sich auch mit anderen Früchten der Saison zubereiten, zum Beispiel mit Kirschen, Erdbeeren oder Brombeeren.

Himbeer-Mirabellen-Konfitüre

500 g Himbeeren
500 g Mirabellen
Saft einer Zitrone
1 kg Gelierzucker 1:1

Mirabellen waschen, entsteinen und pürieren. Himbeeren verlesen und mit den pürierten Mirabellen und dem Zitronensaft in einen Topf geben. Gelierzucker hinzufügen, vermischen und zum Kochen bringen. 4 Minuten unter Rühren sprudelnd kochen lassen, heiß in Gläser füllen und sofort verschließen.

Heiße Himbeeren auf Eis

(4 Portionen)

250 g Himbeeren
2 EL Zucker
3 EL Himbeergeist
1 Päckchen Vanille-Eis (500 ml)
1 Becher Schlagsahne

Himbeeren mit Zucker erhitzen, ohne dass die Früchte zerfallen, und mit Himbeergeist abschmecken. Das Vanilleeis mit Eislöffel o. ä. auf vier Glasschälchen verteilen und die heißen Himbeeren darübergeben. Mit Schlagsahne garnieren. Wenn keine frischen Himbeeren vorhanden sind, können Himbeeren aus der Tiefkühltruhe verwendet werden.

Tipp:
Mit Himbeergeist schmeckt es zwar gut, muss aber nicht unbedingt sein!

Brombeere – Vitamine aus der Naschhecke

Die Brombeere gehört zu den ältesten Heil- und Kulturpflanzen, ihre Kerne fand man bei Ausgrabungen von Steinzeitsiedlungen. Hildegard von Bingen empfahl sie bei Heiserkeit, Fieber und Kopfschmerzen.
Die Brombeersträucher wachsen am Waldesrand und an Böschungen, sie sind aber auch für die Gartenkultur geeignet, die ausladenden Sträucher brauchen allerdings relativ viel Platz, am besten zieht man die Pflanzen an einem Spalier oder Zaun, so bieten sie gleichzeitig Sichtschutz und entwickeln sich zu einer attraktiven „Naschhecke". Im Handel gibt es geeignete Sorten, die dornenlos sind und hervorragend schmecken.
Schwarz-blaue Brombeeren am Strauch läuten den Spätsommer ein. Oft reifen sie in Etappen, so dass Blüten und reife Früchte zeitgleich anzutreffen sind.

Inhaltsstoffe:
Die Brombeeren enthalten Vitamin A, C und E, Mineralstoffe, besonders Kalium, Kalzium, Phosphor, Magnesium und Phenolsäuren, die dem menschlichen Körper einen Zellschutz bieten.
Die Brombeerblätter enthalten Gerbstoffe, organische Säuren, Flavone, ätherische Öle und Pektine. Junge Blätter kann man im Frühjahr ernten und trocknen, sie haben eine ähnliche Wirkung wie Himbeerblätter, beides kann man als Tee mischen.
Brombeeren sollten möglichst frisch gegessen werden, sie schmecken gut in Müsli, Obstsalat, Quarkspeisen oder als Kuchenbelag, sie eignen sich aber auch gut zur Herstellung von Suppen, Kaltschalen, Marmelade, Gelees oder Likör.

Tipp:
Brombeeren eignen sich auch besonders gut zum Einfrieren: Brombeeren lose auf ein Blech legen, vorfrosten, erst dann in Gefrierbehälter füllen und einfrieren. So frieren sie nicht zu einem Klumpen und können nach Bedarf später einzeln entnommen werden. Lagerzeit höchstens zwölf Monate.

„Esset Himbeeren und Brombeeren. In ihrer Frucht ist Üppigkeit und sie schadet weder Gesunden noch Siechen. Sie nützt dem Menschen mehr als sie ihm schadet."

Hildegard von Bingen

Brombeer-Torte mit Joghurtcreme

Für den Biskuitteig:

4 Eier, getrennt

2 EL warmes Wasser

150 g Zucker

abgeriebene Schale einer ungespritzten Zitrone

1 Prise Salz

150 g Mehl

50 g gemahlene Mandeln

½ TL Backpulver

Butter für die Form

Für die Füllung:

750 g Brombeeren

10 Blatt weiße Gelatine

2 EL Himbeergeist

3 Eier, getrennt

150 g Zucker

5 cl Apfelsaft

300 g Sahnejoghurt

1 Prise Salz

½ l Sahne

150 g Brombeerkonfitüre

Backofen vorheizen: 180 °C (Gas Stufe 2)

Die Eigelb, Wasser, Zucker und Zitronenenschale schaumig rühren. Eiweiß mit Salz steif schlagen und auf die Eicreme geben. Mehl, Mandeln und Backpulver mischen und darübersieben. Alles vorsichtig unterheben. Den Boden einer Springform mit Backpapier belegen und den Teig eingießen. Dann auf der untersten Schiene 30–40 Minuten backen. 5 Minuten in der Form, dann auf einem Gitter auskühlen lassen. Für die Füllung die Beeren säubern. Gelatine in kaltem Wasser einweichen, im erwärmten Himbeergeist auflösen und etwas abkühlen lassen. Eigelb, Zucker und Apfelsaft schaumig rühren, Joghurt und Gelatine einrühren. Das steif geschlagene Eiweiß und die Hälfte der geschlagenen Sahne unterziehen. Zum Gelieren kalt stellen. Biskuitboden einmal waagerecht durchschneiden. Die untere Hälfte mit Brombeer-Konfitüre bestreichen. Den Springformrand um den Biskuit legen. Die Hälfte der Joghurtcreme hineingeben, glatt streichen und drei Viertel der Beeren darauf verteilen. Mit der restlichen Creme bedecken und den zweiten Tortenboden aufsetzen. Die Torte im Kühlschrank fest werden lassen. Vor dem Servieren die restliche Sahne steifschlagen und die Torte mit Sahne und den übrigen Beeren verzieren.

Brombeermarmelade mit Schuss

500 g Brombeeren

500 g Äpfel

1 kg Gelierzucker

Saft von 1 Zitrone

1 Gläschen Brombeerlikör

Brombeeren verlesen, waschen und gut abtropfen lassen. Äpfel schälen und klein schneiden. Brombeeren und Äpfel mit Zitronensaft zum Kochen bringen, dabei umrühren. Sobald sie weich sind, mit Kartoffelstampfer zermusen oder mit dem Mixstab pürieren. Den Gelierzucker zugeben, 4 Min. sprudelnd kochen lassen und evtl. abschäumen. Nach Belieben ein Gläschen (2 cl) Brombeerlikör zugeben. Heiß in vorbereitete Twist-Off-Gläser füllen, verschließen und beschriften.

500 g Brombeeren
300 g Magerquark
1 frisches Eigelb
80–100 g Zucker
1 Päckchen Vanillezucker
¼ l Milch
3–4 Blatt weiße Gelatine
2 EL heißes Wasser zum Auflösen der Gelatine
¼ l Schlagsahne

Brombeer-Quark-Sahne-Creme

Die Brombeeren verlesen, waschen und gut abtropfen lassen. Nach Belieben in eine Schüssel geben und leicht einzuckern. Gelatine im kalten Wasser einweichen (mind. 10 Minuten). Das Eigelb mit Zucker und Vanillezucker mit einem elektrischen Handgerät schaumig schlagen, abwechselnd Milch und Quark zugeben. Die Masse muss locker und schaumig sein. Die eingeweichte Gelatine mit heißem Wasser anrühren und auflösen. Lauwarm unter die schaumige Quarkmasse schlagen und kalt stellen. Die Sahne steif schlagen. Sobald die Quarkspeise deutlich zu steifen beginnt, die Schlagsahne unterziehen. Die Brombeeren schichtweise mit der Quarksahnemasse in eine dekorative Glasschüssel füllen. Einige Brombeeren zum Dekorieren zurücklegen. Die Brombeer-Quark-Sahne-Creme kalt stellen, damit sie steif wird. Vor dem Servieren garnieren.

Tipps:
Nach Belieben kann auf die Creme auch Schlagsahne gespritzt werden.
Für diese Speise können auch tiefgefrorene oder eingemachte Brombeeren genommen werden. Auch andere Beeren sind geeignet, z. B. Himbeeren oder Erdbeeren.

Brombeeren mit Baiserhaube

10 Stck. Löffelbiskuits
1 EL Rum
500 g frische Brombeeren
½ l Milch
1 Päckchen Vanillezucker
1 Prise Salz
¼ l Milch
50 g Stärkemehl
4 frische Eigelb
1 EL geriebene Mandeln

Baiserhaube:
3 frische Eiweiß
1 Päckchen Vanillezucker
90 g Puderzucker

Eine feuerfeste Auflaufform mit den Löffelbiskuits auslegen und mit Rum beträufeln. Die frischen Beeren darauf verteilen. ½ l Milch mit Vanillezucker, Zucker und Salz zum Kochen bringen. Inzwischen ¼ l Milch mit Stärkemehl, Eigelb und Mandeln verrühren. Alles in die kochende Milch gießen und unter ständigem Rühren dick kochen.
Die Creme über das Obst geben. Für die Baiserhaube Eiweiß sehr steif schlagen, Vanillezucker und Puderzucker zugeben und kurz weiterschlagen. Die Masse auf die Creme schichten und im vorgeheizten Ofen bei 225 °C, Gas Stufe 4, 10–15 Minuten goldgelb überbacken. Abgekühlt servieren.

Brombeer-Becher

einfaches Rezept

500 g Brombeeren
2 EL Zucker
¼ l Sahne
1 Päckchen Vanillezucker

Die Brombeeren verlesen, sorgfältig waschen und gut abtropfen lassen. Die Früchte in Gläser füllen und mit Zucker bestreuen, dabei eine Handvoll Brombeeren zum Verzieren zurücklassen. Die Sahne mit Vanillezucker steif schlagen und mit dem Spritzbeutel auf die Brombeeren spritzen.
Mit den zurückgelassenen Brombeeren die Sahne verzieren und sofort servieren.

Tipp:
Dazu kann man Waffelgebäck reichen.

Brombeer-Kaltschale mit Birnen

300 g Brombeeren
400 g Birnen
50–60 g Zucker
Saft einer Zitrone
30–40 g Stärkemehl
1 l Wasser

Birnen waschen, schälen und schneiden. Birnen im Wasser mit Zucker weichkochen. Stärkemehl mit ½ Tasse kaltem Wasser anrühren, damit die Suppe binden. Zitrone auspressen, Saft dazugeben, mit Zucker abschmecken. Brombeeren verlesen, waschen und in die Suppe geben. Kalt stellen.

¾ l Brombeersaft
150 g Äpfel (ca. 2 Stück)
1 kg Gelierzucker 1:1

Brombeergelee mit Äpfeln

Die Äpfel waschen, schälen, Kerngehäuse entfernen, abwiegen und grob raspeln. Apfelmasse mit Brombeersaft und Gelierzucker vermischen und zum Kochen bringen. 4 Minuten unter Rühren sprudelnd kochen lassen, heiß in Gläser füllen und sofort verschließen.

Variante:
Holundersaft und Apfelstückchen ergeben ebenfalls ein gutes Gelee!

500 ml Brombeersaft
500 ml Johannisbeersaft
1 kg Gelierzucker 1:1

Brombeer-Johannisbeer-Gelee

Brombeer- und Johannisbeersaft mit Gelierzucker vermischen und zum Kochen bringen. 4 Minuten unter Rühren sprudelnd kochen lassen, heiß in Gläser füllen und sofort verschließen.

700 g Brombeeren
300 g Möhren
1 kg Gelierzucker 1:1

Brombeer-Karotten-Konfitüre

Die Brombeeren waschen, abtropfen lassen, verlesen und zerkleinern. Möhren waschen, putzen und in feine Streifen raspeln. Alles mit Gelierzucker vermischen und zum Kochen bringen. 4 Minuten unter Rühren sprudelnd kochen lassen, heiß in Gläser füllen und sofort verschließen.

Tipp:
Nur junge und frische Möhren verwenden.

400 g Brombeeren
1 Vanilleschote
1 kleines Stück Ingwer (5 cm)
200 g Kandis
1 Flasche Korn (38 %), 0,75 l

Feiner Brombeer-Likör

Brombeeren leicht abbrausen, verlesen. Ingwerwurzel schälen und schneiden und Vanilleschote aufschlitzen. Brombeeren leicht anquetschen und mit den anderen Zutaten in eine große Weithalsflasche geben. Mit Korn aufgießen und zwei Wochen ruhen lassen, ab und zu schütteln.
Den Ansatz filtern, in Flaschen füllen und kühl und dunkel stellen.

Johannisbeere und Stachelbeere

Zwei gute Verwandte

Der Name Johannisbeere kommt vom Johannistag, denn um den 24. Juni, den Johannistag, werden die ersten Beeren reif. In Österreich und Bayern heißen Johannisbeeren auch Ribeseln, abgeleitet vom botanischen Namen „ribes“.
Neben der roten Johannisbeere gibt es auch noch die schwarze Johannisbeere und einige wildwachsende Arten. Die schwarze Johannisbeere wird wegen ihres starken aufdringlichen Geruchs oft als „Wanzenbeere“ bezeichnet. Der unangenehme Geruch verschwindet beim Erhitzen der Beeren und beim Trocknen der Blätter für den Tee. Die schwarze Johannisbeere wird schon seit dem 16. Jahrhundert kultiviert, ihre Früchte sind außerordentlich vitaminreich (120 mg Vit. C/100 g) und werden auch medizinisch genutzt bei Husten, Heiserkeit und Durchfall, sowie vorbeugend gegen Erkältungskrankheiten.
Rote Johannisbeeren enthalten weniger Vitamin C, sie schmecken säuerlich, sind sehr aromatisch und sind daher als Fruchtobst sehr beliebt. Auch Marmelade, Kompott, Gelee und Fruchtsaft lassen sich aus den Beeren gut zubereiten.
Die Stachelbeere ist ein kleiner niedriger Strauch, und die Zweige sind mit Stacheln besetzt. Die grün-gelben Beeren sind bis zu 2 cm groß und fein behaart, sie sind saftig, vitaminreich und kalorienarm. Sowohl roh verzehrt als auch auf vielfältige Weise zubereitet sind sie im Sommer ein erfrischender Genuss. In Süßspeisen und Kuchen schmecken Stachelbeeren genauso gut wie in Marmelade oder Gelee. Hier ist von Vorteil, dass sie mit anderen Obstsorten, die etwas fader schmecken, gut kombiniert werden können. Sie runden den Geschmack ab und verbessern beim Marmeladekochen die Gelierfähigkeit.

Tipp:
Beim Ernten von Stachelbeeren darauf achten, dass die Früchte frei von Stachelbeermehltau sind.

„Insbesondere die schwarze Beere ist gut für Gesunde und Sieche. Die Frucht treibt Übles aus und reinigt die Säfte.“ Hildegard von Bingen

Johannisbeerkuchen

250 g Mehl
125 g Butter
250 g Zucker
1 Prise Salz
2 Eigelb
abgeriebene Zitronenschale
500 g Johannisbeeren
4 Eiweiß
1 EL Stärkemehl

Mehl, Butter, 100 g Zucker, Salz, Eigelb und die abgeriebene Zitronenschale zu einem glatten Mürbeteig verkneten und kalt stellen. Dann den Teig ausrollen, eine Springform (24 cm) damit auslegen und im vorgeheizten Ofen etwa 25 Minuten backen. Inzwischen die Johannisbeeren waschen, abzupfen und gut abtropfen lassen. Das Eiweiß zu sehr steifem Schnee schlagen, 150 g Zucker und das Stärkemehl darunterziehen und die Masse noch weitere 5 Minuten schlagen. Die Johannisbeeren vorsichtig mit der Schaummasse vermengen und auf den Tortenboden geben. Bei mittlerer Hitze in etwa 40 Minuten leicht gelb werden lassen. Ergibt 12 Stück.

Johannisbeertorte

4 Eier
4 EL heißes Wasser
200 g Zucker
1 Beutel Vanillezucker
100 g Mehl
100 g Mondamin
2 Kaffeelöffel Backpulver
Salz

Belag:
750 g Johannisbeeren
2–3 Eiweiß
150 g Zucker
100 g Mandeln
oder Haselnüsse

Eiweiß und Wasser, Zucker, Vanillezucker und etwas Salz steif schlagen. Die Eidotter, dann Mehl, Mondamin und Backpulver locker unterziehen und den zarten Teig in eine gefettete Springform (26 cm) füllen und im vorgeheizten Ofen backen. Die Torte von oben etwas aushöhlen, den Teig klein würfeln und mit den gezuckerten Johannisbeeren wieder einfüllen und glätten. Den Eischnee steif schlagen, zuerst den Zucker, dann die gemahlenen Mandeln oder Nüsse dazugeben und über die Beeren ziehen. Nochmals überbacken.

Backzeit:
60 Minuten und 25–30 Minuten

Backhitze:
Elektroherd 175 °C

Stachelbeerkuchen

Mürbteig-Zutaten für eine Springform (26 cm):

250 g Mehl

100 g Zucker

1 Ei

1 Prise Salz

125 g kalte Butterflöckchen

Backpapier

getrocknete Hülsenfrüchte

Für die Füllung:

500 g Stachelbeeren, frisch oder aus dem Glas

100 g Zucker

5 Eier

1/4 l Sahne

1 Prise gemahlene Nelken

Die Zutaten für den Mürbteig rasch vermengen und zusammenkneten. Teig in Frischhaltefolie einwickeln und mindestens 1 Stunde im Kühlschrank kalt stellen. Dann ausrollen und die gebutterte Springform damit auslegen. Backpapier hineingeben und mit den Hülsenfrüchten füllen. 15 Minuten auf der 2. Einschubleiste von unten backen. Hülsenfrüchte und Backpapier herausnehmen. Stachelbeeren auf einem Sieb abtropfen lassen. Den Mürbteigboden damit belegen. Zucker, Eier, Sahne und Nelken gut miteinander verrühren und darübergießen. 30–40 Minuten auf der mittleren Einschubleiste im vorgeheizten Backofen bei 200 °C backen.

Stachelbeer-Grütze mit Vanillesoße

500 g Stachelbeeren

125 ml Wasser

150 g Zucker

4 EL Stärkemehl

125 ml kaltes Wasser zum Anrühren

1 Päckchen Vanillesoßenpulver

2 EL Zucker

1 Ei

1/2 l Milch

Stachelbeeren von Stiel und Blüten befreien, waschen und abtropfen lassen. Mit 125 ml Wasser und Zucker zum Kochen bringen und bei schwacher Hitze weich kochen. Das Stärkemehl mit 125 ml Wasser anrühren und zu den Stachelbeeren geben, aufkochen und in eine Glasschüssel füllen. Kalt stellen.

Für die Soße:
Das Soßenpulver, den Zucker und das Ei mit der kalten Milch verquirlen. Die Flüssigkeit langsam erhitzen, dabei umrühren und einmal aufkochen lassen. Vom Herd nehmen.
Die Soße warm oder kalt zur Stachelbeer-Grütze reichen.

Tipp:
Die Stachelbeeren können auch mit anderen Beeren (Johannisbeeren) gemischt werden.

Vierfrucht-Konfitüre

- 250 g Himbeeren
- 250 g Brombeeren
- 250 g rote Johannisbeeren
- 250 g schwarze Johannisbeeren
- 1 kg Gelierzucker 1:1

Die Himbeeren sorgfältig verlesen, möglichst nicht waschen. Die Brombeeren ebenfalls gut verlesen, waschen und zerdrücken. Schließlich die Johannisbeeren waschen und entstielen. Die Früchte in einen Topf geben, Gelierzucker hinzufügen, gut vermischen und zum Kochen bringen. 4 Minuten unter Rühren sprudelnd kochen lassen, heiß in Gläser füllen und sofort verschließen.

Tipp:
Beeren lassen sich beliebig zusammenstellen. Für dieses Rezept kann man auch andere Sorten wie Erdbeeren, Jostabeeren oder weiße Johannisbeeren verwenden.

Johannisbeer-Chutney

- 1 kg rote Johannisbeeren
- 4 Zwiebeln, rot
- 100 g brauner Zucker
- 100 ml weißer Balsamico-Essig
- 1 Vanilleschote
- 2 EL Senfkörner
- 5 Gewürznelken
- Salz und Pfeffer

Johannisbeeren waschen und von den Stielen streifen. Zwiebeln schälen, fein würfeln. Johannisbeeren und Zwiebeln mit Zucker und Essig aufkochen. Vanilleschote, Senfkörner und Nelken zufügen und 30 Min. köcheln. Vanilleschote und Nelken entfernen, mit Salz und Pfeffer abschmecken. Heiß in Twist-Off-Gläser füllen und sofort verschließen.

Tipp:
Johannisbeer-Chutney passt als Beilage zu Geflügel oder Steaks. Auch Stachelbeeren können verwendet werden.

300 g Erdbeeren

Für 4–5 Liter je:

200 g rote Johannisbeeren, Himbeeren, Brombeeren, Kirschen, Aprikosen, Stachelbeeren

500 g brauner Zucker

1½ l Rum (54%)

Früchte-Rumtopf

Der Rumtopf wird als Erstes mit Erdbeeren angesetzt. Die Erdbeeren abbrausen, entstielen, abtrocknen und in ein großes Gefäß geben (Steintopf oder Einmachglas mit Deckel).
Erdbeeren mit 150 g Zucker bestreuen, 30 min. ziehen lassen und mit Rum bedecken. Weiter mit Früchten der Saison auffüllen, mit 2–3 EL Zucker bestreuen, vorsichtig umrühren und jedes Mal mit Rum bedecken, Stachelbeeren vorher mit einer Nadel anstechen. Immer gut verschließen und kühl und dunkel stellen.

Tipp:
Der Rumtopf wird im Sommer angesetzt und bleibt bis zum Winter stehen. In geringen Mengen genossen ist der Rumtopf eine aromatische Beigabe zu Eis oder Dessert.

1 Person:

1 Ei (getrennt)

1 EL Zucker

1 Tasse Beerenobst wie Himbeeren, Johannisbeeren oder Erdbeeren

2 gehäufte EL Haferflocken

Beerenschaum

Das Eiweiß wird mit dem Zucker zu Schnee geschlagen, das verquirlte Eigelb untergezogen und mit dem Beerenobst und den Haferflocken vermischt.

Anmerkung:
Für den Beerenschaum kann man nicht nur frisches, sondern auch tiefgefrorenes Beerenobst verwenden.

Rosen – Augenweide und Gaumenschmaus

Schönheit, Duft und Harmonie zeichnen die Rose aus, gleichsam ein Synonym für Ruhe, Entspannung und Ausgeglichenheit für Körper und Geist.
Die Rosa gallica (Essigrose) ist die Urmutter vieler alter Rosenarten. Sie stammt ursprünglich aus dem Orient, und aus ihr wird heute noch das kostbare Rosenöl destilliert.
Karl d. Große (742–814) hat in seiner Landverordnung den Anbau der Essigrose befohlen. Sie wurde als Heilpflanze in Klostergärten, Burggärten und später in Bauerngärten heimisch. Die Rose spielte eine bedeutende Rolle in der Religion, Heilkunst, Schönheitspflege und Küche. Als „Königin der Blumen“ wurde sie bezeichnet und schon bei den alten Ägyptern war sie das Symbol der Liebe.

Der duftende Essig-Rosenstrauch gehörte jahrhundertelang in jeden Bauerngarten, er blüht nur einmal im Jahr im Juni. Das mag wohl manchem zu wenig gewesen sein, deshalb ist man vielfach auf neue Hybridsorten umgestiegen, die zwar den ganzen Sommer über blühen, aber nicht mehr duften.
Für Küche und Hausapotheke eignen sich die alten Duftrosen am besten. Neben der roten Rosa gallica sollte hier noch die rosafarbene Rosa centifolia oder damascena erwähnt werden. Wer diese Rosen nicht hat, kann auch die Kartoffelrose (rosa rugosa) mit ihrem feinen, aromatischen Duft verwenden, sie blüht von Juni bis August/September und liefert außerdem fast zeitgleich große Hagebutten. Die duftarmen Blüten der wild wachsenden Hundsrose (Rosa canina) eignen sich nicht, dafür sind aber ihre Früchte (Hagebutten) im Herbst wegen des hohen Vit.-C-Gehaltes besonders wertvoll.

Inhaltsstoffe:
Rosenblüten enthalten ätherische Öle, Gerbstoffe, Duftstoffe, Schleimstoffe, Flavonoide, Antocyane und Vitamine.

Zahlreiche Lieder und Gedichte preisen die Rose:

„Sah ein Knab' ein Röslein stehn …"

J. W. von Goethe

„Ach, wenn doch mein Schatz ein Rosenstock wär …" Aus dem Odenwald 1839

„Rosenstock, Holderbusch, wenn ich mein Dirndl sieh …" Schwäbisches Tanzlied 1837

Wirkung und Verwendung:
Rosen wirken kühlend, heilend, stärkend und beleben die Haut. Ärzte im Mittelalter schätzten ihre adstringierende (zusammenziehende) Wirkung und setzten sie auch zur Kräftigung bei allgemeinem Schwächezustand ein.
Apotheker verwendeten die Rose (daher der Name „Apotheker-Rose") zur Herstellung von Rosenöl, Rosenwasser, Rosenessig, Salben und Tees. Blütenauszüge wurden zum Gurgeln bei Entzündung im Mund- und Rachenbereich verwendet, ebenso zur Behandlung schlecht heilender Wunden. Der Tee der Essigrose galt als gutes Mittel gegen Durchfall.
Rosenblüten eignen sich nicht nur als Hausmittel, aus ihnen kann man auch kulinarische Köstlichkeiten zubereiten und so auf wunderbare Weise über den Gaumen Aromen und Wirkstoffe zu sich nehmen.

Rosenblüten richtig ernten und trocknen:
Die Rosen dürfen nicht mit Pflanzenschutzmitteln behandelt sein. Die voll erblühten Rosenblüten werden bei sonnigem Wetter vormittags, sobald der Tau abgetrocknet ist, abgeschnitten, dann ist der Duft am intensivsten. Die Blüten dürfen nicht gewaschen werden, man kontrolliert sie auf Ungeziefer. Anschließend die Blütenblätter vom Blütenboden abzupfen. Der helle, bittere Stielansatz am unteren Teil der Blütenblätter wird abgeschnitten. Rosenblütenblätter an einem schattigen Ort schonend lufttrocknen. Am besten einen Holzrahmen oder eine alte Schublade mit Mullwindeln bespannen und die Blätter locker auflegen. Nach dem Trocknen in saubere Dosen füllen, so behalten sie lange ihren Duft.

50 g frische Rosenblütenblätter von ungespritzten Duftrosen

500 g Zucker

½ l Wasser

Saft von 1 Zitrone

Rosenblüten-Sirup

Blütenblätter im Wasser zum Kochen bringen, einige Minuten aufwallen lassen. Den Topf von der Kochstelle nehmen, die Blüten ein paar Stunden zugedeckt ziehen lassen. Die Blütenblätter abseihen. In den Blütenauszug den Zucker und den Zitronensaft geben und köcheln lassen, bis der Sirup Fäden zieht. Rosensirup heiß in kleine Twist-Off-Flaschen füllen und beschriften.

Tipp:
Rosensirup eignet sich zum Abschmecken von Süßspeisen und Getränken.

1 kleine Schüssel Duftrosenblüten (ca. 50 g)

1 l Wasser

1 kg Gelierzucker

Saft von 1 Zitrone

Rosenblüten-Gelee

Die Rosenblütenblätter verlesen, bittere Stielansätze entfernen und in einen Topf geben. Wasser zugeben und aufkochen. 24 Stunden stehen lassen, dann absieben und Blütenblätter ausdrücken. Die Flüssigkeit abmessen und die gleiche Menge Gelierzucker und den Zitronensaft zugeben. Nach Belieben eine Handvoll frische Rosenblütenblätter hineinstreuen (sieht gut aus) und 4 Min. sprudelnd kochen. Heiß in saubere Twist-Off-Gläser füllen und verschließen.

Tipp:
Hierzu eignen sich besonders die Blüten der Rosa rugosa (Kartoffelrose).

150 g duftende Rosenblütenblätter

200 g Zucker

½ l Korn (38 %)

¼ l Wasser

Rosenblüten-Likör

Die frischen Blütenblätter von den bitteren Stielansätzen entfernen und mit ¼ l kochendem Wasser übergießen, so dass sie bedeckt sind. Über Nacht zugedeckt stehen lassen. Das Rosenwasser in einen Topf geben, absieben und den Zucker zugeben. Unter Rühren erhitzen, bis sich der Zucker aufgelöst hat. Die Flüssigkeit abkühlen lassen, dann den Korn zugießen. Den Rosenlikör in Flaschen füllen und gut verschlossen kühl lagern.

1 Litermaß voll duftender Rosenblütenblätter

½ l Wasser oder Apfelsaft

Saft von ½ Zitrone

500–600 g Gelierzucker 1:1

Rosen-Marmelade

schnelles Rezept

Die ungespritzten Blätter vom bitteren Stielansatz befreien, waschen, in einem Mixer mit Wasser oder Apfelsaft pürieren, Zitronensaft zugeben.
Die Menge genau abmessen und die gleiche Menge Gelierzucker dazugeben. Alles in einen Topf gießen und mit Gelierzucker nach der Packungsanleitung kochen. Heiß in saubere Twist-Off-Gläser füllen.

Rosen-Bowle

1 kleine Schüssel Rosenblüten
1 Sträußchen Zitronenmelissen-Blätter
2–3 EL Puderzucker
3 Fl. Weißwein (à 0,75 l)
1 Fl. Sekt (0,75 l)

Rosenblütenblätter von den bitteren Stielansätzen entfernen und mit den Zitronenmelissen-Blättern in eine Schüssel geben, mit Puderzucker bestreuen. 1 Flasche Weißwein darübergießen, ½ Std. ziehen lassen, dann absieben. Die Flüssigkeit in ein Bowlengefäß gießen und mit dem übrigen gekühlten Weißwein auffüllen. Vor dem Servieren den Sekt zugeben und die Bowle mit frischen Rosenblütenblättern bestreuen.

Tipp:
Dazu eignen sich Heckenrosenblüten oder andere Duftrosen.

Wildrosen-Bowle

alkoholfrei

2 Handvoll Kartoffelrosenblüten (Rosa rugosa)
1 Fl. Mineralwasser (0,75 l)
½ l roter Traubensaft
1–2 ungespritzte Zitronen
einige kl. Rosenblüten-Zweige

Die Rosenblütenblätter aus den bitteren Stielansätzen pflücken, ungewaschen in ein Bowlengefäß geben. Den Traubensaft darübergießen und drei Stunden zugedeckt ziehen lassen. Mit dem gekühlten Mineralwasser auffüllen. In jedes Trinkglas eine Zitronenscheibe geben und mit Wildrosen-Bowle auffüllen. Ein Tablett mit Rosenblütenzweigen dekorieren und darauf die Bowle servieren.

Rosenzucker

20 g getrocknete Duftrosenblätter
200 g Zucker

Rosenblätter und Zucker im Mörser fein zerreiben oder in einer Gewürzmühle fein mahlen. In Gläser füllen und dunkel aufbewahren. Dieser Rosenzucker lässt sich vielseitig verwenden zum Süßen von Gebäck, Cremepürees oder Marzipan.

2 Doppelhände voll frischer Blütenblätter von Duftrosen

3 Holunderblüten-Dolden

1 l Weißweinessig oder weißer Balsamico

Rosenblüten-Holunder-Essig

Die Blütenblätter und Holunderdolden in eine saubere Flasche geben und mit Essig bedecken. 10 Tage an einem warmen Ort ziehen lassen, dann abseihen und wieder in die Flasche füllen. Kühl und dunkel aufbewahren.

Hinweis:
Rosenessig eignet sich mit Wasser verdünnt zur Hautpflege oder als Gurgelmittel bei Halsschmerzen. Man nimmt zwei Esslöffel Rosenessig auf ein Glas Wasser. Selbstverständlich kann man ihn auch in der Küche für Salatmarinaden verwenden.

250 g Butter

3 EL duftende Rosenblütenblätter, fein gehackt

1 kleine rote Zwiebel

Saft von 1/2 Zitrone

Salz

Cayennepfeffer

2 Duftrosen zum Dekorieren

Rosenbutter fürs Büfett

Zwiebel schälen, fein schneiden, Butter schaumig rühren. Gehackte Blüten, Zwiebel und Zitronensaft unterrühren und mit Salz und Pfeffer abschmecken. Klarsichtfolie mit Blütenblättern bestreuen. Butter zur Rolle formen, in die Folie einschlagen und kühl stellen.
Beim Servieren mit frischen Rosenblüten garnieren.

20–30 frische duftende Rosenblütenblätter

Eischnee von zwei sehr frischen Eiern

100 g groben Zucker

Kandierte Rosenblüten

Rosenblütenblätter von bitteren Stielenden befreien, waschen, abtupfen. Blätter in leicht geschlagenen Eischnee tauchen, auf ein mit Zucker bestreutes Pergamentpapier legen und von beiden Seiten mit Zucker bestreuen. Anschließend zwei Tage in der Luft trocknen oder 2 Stunden bei geöffneter Tür und 50 °C im Backofen trocknen.
Aufbewahrt werden die kandierten Rosenblütenblätter lagenweise auf feines Papier geschichtet in gut verschließbaren Keksdosen. Kandierte Rosenblütenblätter eignen sich zum Dekorieren von Desserts und Gebäck.

500 g Zucker

125 g Rosenblüten

1 Zitrone, unbehandelt

1 Tasse Wasser

½ TL Weinsteinsäure

Feine Rosenkonfitüre (Rosen-Sladko)

Rosenblütenblätter abzupfen. Zitrone heiß waschen und abtrocknen. Zitronenschale abschälen. Zitrone auspressen. Tasse Wasser mit Zucker, Zitronensaft und Zitronenschale zum Kochen bringen. Sirupartig eindicken. Rosenblütenblätter und Weinsteinsäure zugeben und weiterkochen. Gelierprobe machen: Einige Tropfen Konfitüre auf einen Porzellanteller tropfen. Ist die Konfitüre dickflüssig, kann sie in vorbereitete, saubere Gläser gefüllt werden. Sofort heiß verschließen.

Tipp:
Rosenkonfitüre ist besonders kostbar, man verwendet sie nur zum Aromatisieren von Desserts und Tees. Als Brotaufstrich ist sie zu schade.

Rosenzucker-Paste

100 g Duft-Rosenblüten
100 g Zucker
Saft einer Zitrone

Die bitteren Stielansätze von den Blüten entfernen. Die Blütenblätter mit Zitronensaft beträufeln und vier Stunden ziehen lassen. Den Zucker dazugeben und die Rosenblütenblätter mit einem Mörser zerreiben. Alles in ein Schraubglas füllen und gut verschließen.
Rosenzucker-Paste eignet sich zum Aromatisieren von Gebäck, Süßspeisen und Marzipan.

Hausmittel

Entspannungs-Tee mit Blüten

10 g getrocknete Rosenblütenblätter
10 g getrocknete Lavendelblüten
10 g getrocknete Johanniskrautblüten
10 g getrocknete Melissenblätter

Blüten und Blätter mischen. Nach Bedarf davon 1 Teelöffel pro Tasse mit heißem Wasser aufbrühen. 10 Minuten ziehen lassen, dann trinken.
Der Tee wirkt entspannend und beruhigend und hilft abends beim Einschlafen.

September Oktober

Herbst

Herbstzeit – Erntezeit

Was im Sommer gewachsen und gereift ist, kann jetzt geerntet werden. Aromatische, von der Sonne verwöhnte Tomaten, Gurken und Zucchini in Hülle und Fülle, pralle Kohlköpfe, Wurzel- und Knollengemüse bereichern die „grüne Speisekammer".
Der heimische Gemüsegarten und die Wochenmärkte sind lukullische Paradiese und laden zum Genießen ein. Bei der Auswahl von Gemüse und Obst zählen Geschmack, Erntefrische und Reifezustand. Freilandgemüse, unter natürlichen Wachstumsbedingungen und Sonneneinstrahlung gereift, hat einen weit niedrigeren Nitratgehalt als Treibhausgemüse, denn Pflanzen brauchen Sonne, um Nitrat abzubauen.
Zu viel Nitrat ist für den menschlichen Körper schädlich, es kann im Verdauungstrakt durch den Einfluss von Bakterien in toxisches Nitrit verwandelt werden und daraus können sich in Verbindung mit Eiweiß krebsfördernde Nitrosamine bilden. Darum sollte man Freilandgemüse bevorzugen und der Jahreszeit entsprechend essen, wie es bereits unsere Vorfahren getan haben. Die heimischen Vitaminspender haben einen hohen Stellenwert in einer gesunden, ausgewogenen Ernährung, man sollte sie bewusst mit Freude und Appetit genießen. Äpfel, Kohl und Wurzelgemüse lassen sich gut lagern und vieles kann man erntefrisch einfrieren, da bleiben die Vitamine weitgehend erhalten.

November

Gurken – leicht und frisch

Gurken gehören zu der Pflanzenfamilie der Kürbisgewächse. Sie sind leicht verdaulich, relativ geschmacksneutral und dadurch vielseitig verwendbar. Bemerkenswert ist ihr hoher Wasseranteil von 93 – 95 % und ihr sehr niedriger Kaloriengehalt von 15 bis 19 kcal auf 100 g Fruchtmasse. Sie sind daher eine ideale Fitnesskost und begehrt in einer modernen kalorienreduzierten Ernährung. Ihre Zubereitung ist einfach, und da sie nicht nur im Freiland, sondern auch im Treibhaus kultiviert werden, hat man sie fast das ganze Jahr zur Verfügung. Der Handel bietet mehrere Gurkenarten an, am häufigsten die Schlangen- oder Salatgurke, die meistens aus dem Treibhausanbau kommen. Freilandgurken werden als „Landgurken“ bezeichnet. Einlegegurken kommen ebenfalls aus dem Feldanbau. Die kleinen Sortierungen kommen als Cornichons und Gewürzgurken ins Glas.

1 feste Salatgurke
1–2 Knoblauchzehen
1 EL gehackte Petersilie
2 EL gehackter Dill
2 EL gehackter Borretsch
3 EL Zitronensaft
1 EL Weinessig
4 Becher Vollmilch-Joghurt (3,5 % Fett)
1/4 l süße Sahne
1 Tasse grob gehackte Walnüsse
Salz und Pfeffer

Gurken-Kräuter-Kaltschale

Gurken waschen, schälen, halbieren und in feine Stifte schneiden. Zerstoßenen Knoblauch mit den Gurkenstiften und den gehackten Kräutern gut vermischen. Zitronensaft, Essig, Joghurt und Sahne verquirlen und über die Gurken geben. Alles mit Salz und frisch gemahlenem Pfeffer abschmecken.
Walnüsse darüberstreuen oder unterziehen. Gutes Gericht für heiße Tage.

2 Salatgurken
200 g Sauerkraut
1 grüne Paprikaschote
1 Apfel
1 Möhre
2 Tomaten
1 Zwiebel
3 EL Tomatenketchup
4 EL frische Kräuter: Schnittlauch, Borretsch, Kerbel gehackt
125 ml Buttermilch
Salatblätter zum Anrichten

Gurken-Kräuterschiffchen

Sauerkraut zerpflücken, grob schneiden. Zwiebel, Möhre, Paprikaschote und Apfel in kleine Würfel schneiden. Aus Buttermilch und Tomatenketchup eine Marinade bereiten und unter den Salat mischen, ca. 1 Std. ziehen lassen.
Die Gurken waschen, evtl. schälen, dann zum „Schiffchen“ halbieren und die Kerne mit einem Löffel auskratzen. Krautsalat in die Schiffchen füllen und auf Salatblätter setzen.
Dazu passt frisches Brot mit Kräuterbutter.

150 g Gurke
½ Bund Radieschen
1 Knoblauchzehe
1 Becher Sahne-Dickmilch (200 g)
50 g Magerquark
1 EL Zitronensaft
Salz und Pfeffer
1 Bund Schnittlauch

Gurken-Knoblauch-Dip

Gurke und Radieschen in feine Stifte schneiden und zusammen mit der durchgedrückten Knoblauchzehe unter die Dickmilch mischen. Magerquark, Zitronensaft, Salz und Pfeffer unterrühren, mit Schnittlauch garnieren.

2 mittelgroße Gurken
2 Frühlingszwiebeln
1 Knoblauchzehe
1 TL Senf
Saft einer Zitrone
Salz und Pfeffer aus der Mühle
1 TL Zucker
½ TL Kurkuma
2 EL gehackten Dill

Gurken-Gazpacho

Gurken schälen, längs halbieren, Kerne herauskratzen. Gurke in Würfel schneiden, Knoblauch schälen und hacken. Frühlingszwiebeln putzen, waschen, klein schneiden. Gurkenwürfel mit Frühlingszwiebeln und Knoblauch fein pürieren und so viel Wasser zugießen (ca. ¼ l), bis der Gazpacho die gewünschte Konsistenz hat. Mit Zitronensaft, Senf, Kurkuma, Salz und Pfeffer abschmecken, mit Dill bestreuen und kalt servieren.

2 kg kleine Einlegegurken
Salzwasser
500 g kleine rote Schalotten
1 EL schwarze Pfefferkörner
4 EL Senfkörner
1 EL Piment
3 Lorbeerblätter, frisch
2 Dillblüten
¾ l Weinessig
375 ml Wasser
200 g Zucker
1 EL Salz

Eingelegte Gewürzgurken

Gurken gut waschen, 24 Stunden in leichtes Salzwasser einlegen. Herausnehmen und abtrocknen. Die Schalotten in Scheiben schneiden, die Gurken gemeinsam mit Schalotten, Gewürzen und Kräutern in saubere Twist-Off-Gläser füllen. Essig, Wasser und Salz mit Zucker aufkochen, kräftig abschmecken. Mit dem heißen Sud die Gurken bedecken. Am nächsten Tag abseihen, den Sud noch einmal aufkochen, abschmecken und in die Gläser füllen. Der Essigsud sollte 2 cm über den Gurken stehen. Die Gläser sofort verschließen und kühl und dunkel stellen.

Gurken-Milchmix

1 Portion

¼ Salatgurke
150 g Naturjoghurt oder Kefir
Salz und Pfeffer,
evtl. Knoblauch
1 TL Dill, geschnitten

Die Gurke waschen, schälen, halbieren, Kerne entfernen und würfeln, pürieren, mit Joghurt auffüllen, verrühren und abschmecken. Im Glas anrichten und mit Dill garnieren.

Leichter Gurkensalat

1 Person:
1 große Salatgurke
2–3 EL Essig
2 EL Öl
1 Zwiebel
Salz, Pfeffer und eine Prise Zucker
1 Bund Dill
Schnittlauch oder Gurkenkraut

Gurke waschen, nach Belieben mit oder ohne Schale hobeln oder in Würfel schneiden. Zwiebel schälen, würfeln. Kräuter waschen, abtupfen, schneiden.
Marinade herstellen aus Essig, Zwiebel, Salz, Pfeffer, Zucker und Öl. Alles mischen und frisch servieren.

Tipp:
Statt Öl können 4 EL saure Sahne verwendet und mit Zitronensaft abgeschmeckt werden. Der Gurkensalat soll erst kurz vor der Mahlzeit angemacht werden.

Hinweis:
Die aus früher Zeit überlieferte Methode, dass man Gurkenscheiben salzt, ziehen lässt und dann ausdrückt, ist Unsinn, dadurch gehen wertvolle Vitamine und Mineralstoffe der Gurke verloren, und sie liegt außerdem schwer verdaulich im Magen!

Zucchini –

schon die Blüte auf den Teller

Zucchini sind Verwandte der Gurken und gehören auch zur Pflanzenfamilie der Kürbisgewächse. Sie sind eine ideale Zutat für kalorienreduzierte Ernährung. Zucchini können unreif geerntet werden, sie sollen jung und zart sein und man verwendet sie mit Schale. Sie sollten nicht länger als 15 – 20 cm sein, und sie halten bis zu 12 Tagen, wenn sie richtig gelagert werden. Niemals in der Nähe von Äpfeln aufbewahren, das von diesen Früchten ausströmende Ethylen lässt die Zucchini schneller reifen und verderben. Zucchini isst man roh, gekocht oder gebraten. Ihre dekorativen gelben Blüten sind eine Delikatesse, und sie präsentieren sich als ein echter „Hingucker“ auf einer angerichteten Platte am festlichen Büfett.

Zucchini, süß-sauer eingelegt

3 kg Zucchini
50 g Salz
400–500 g Zucker
1 l Weißweinessig
50 g frischer Ingwer
100 g frischer Meerrettich
2 Bund Dill oder mehrere Dillblüten
2 Zwiebeln
2 EL Senfkörner
1 EL schwarzer Pfeffer
5 Lorbeerblätter
4 kleine getrocknete Chilischoten
2–3 EL Wacholderbeeren

Zucchini waschen, der Länge nach vierteln und in fingerdicke Stücke schneiden. Zucchini mit Salz, Zucker und Essig in einer großen Schüssel gut mischen und zugedeckt über Nacht stehen lassen. Am nächsten Tag die Zucchini in einen Durchschlag schütten und die Flüssigkeit in einem Topf auffangen.
Ingwer, Meerrettich und Zwiebeln schälen und in Scheiben schneiden, dann mit den übrigen Gewürzen in die Flüssigkeit geben und alles aufkochen. Die Zucchini in den Sud geben und 5–7 Min. mitkochen (nicht zu weich kochen!). Zucchini heiß in sterile Gläser füllen, mit dem heißen Sud übergießen und sofort verschließen.

Zucchini-Gratin mit Tomaten

1 kg Zucchini
750 g Tomaten
40 g Butter
Salz, Pfeffer aus der Mühle
je 1 EL frischer Majoran oder Oregano, Rosmarin und Thymian
150 g geriebenen mittelalter Gouda

Zucchini putzen, waschen und in dünne Scheiben schneiden. Tomaten waschen, Stängelansatz entfernen und in Scheiben schneiden. Abwechselnd Tomaten- und Zucchinischeiben in eine Form schichten und Butterflöckchen darauf verteilen. Salzen, pfeffern und mit Kräutern würzen. Käse darüberstreuen. Form auf den Rost in den Backofen stellen. Backzeit etwa 30 Minuten. Ober-/Unterhitze: 180–200 °C vorgeheizt. Heißluft: 160–180 °C nicht vorgeheizt.
Als Beilage passt Reis.

Tipp:
Sollten keine frischen Kräuter zur Hand sein, können 2–3 TL getrocknete Kräuter der Provence verwendet werden.

Gebackene Zucchini

8 kleine Zucchini
½ Tasse Mehl
½ TL Salz
½ TL Pfeffer
1 Messerspitze Zimt
4–5 EL Olivenöl
etwa 230 Kalorien pro Person

Die Zucchini waschen, abtrocknen und in Scheiben schneiden. Das Mehl mit Salz, Pfeffer und Zimt mischen. Die Zucchinischeiben gründlich von allen Seiten in dieser Mischung wenden. Das Olivenöl erhitzen und die Zucchinischeiben darin von allen Seiten in 5 Minuten knusprig braun braten.
Dazu passt: Kalbfleischgerichte oder Geflügelfleisch.

Zucchini-Karotten-Suppe

500 g Zucchini
200 g Karotten
1 Zwiebel
1 1/4 l Gemüsebrühe
4 EL Sahne
1 EL Butter
1 TL Kurkuma
Salz, Pfeffer aus der Mühle
3 EL frische gehackte Kräuter (Petersilie, Dill, Borretsch)
2 Scheiben Toastbrot, gewürfelt

Zucchini und Karotten waschen und würfeln, Zwiebel schälen, würfeln und in Butter andünsten. Zucchini und Karotten zugeben und Gemüsebrühe aufgießen. Mit Salz, Pfeffer und Kurkuma würzen. 10–15 Min. köcheln, pürieren und Sahne und Kräuter unterrühren, nicht mehr kochen! Nochmal abschmecken, Toastwürfel in Butter anrösten und die Suppe damit anrichten.

Zucchini-Kuchen

250 g Zucker
200 ml Rapsöl oder Sonnenblumenöl
3 Eier
2 TL Zimt
1 Prise Salz
3 TL Backpulver
2 Päckchen Vanillezucker
500 g Mehl
500 g geraspelte Zucchini
200 g Rosinen
100 g gemahlene Mandeln

Eier und Zucker schaumig rühren, Öl dazugeben. Mehl mit Backpulver sieben. Aus allen Zutaten einen Teig rühren. Teig in 2 gefettete Kastenformen füllen, bei 170 °C ca. 60–70 Min. backen. Aus der Form nehmen und erkalten lassen.

Tipp:
Nach Belieben mit Puderzucker bestreuen oder mit Schokoglasur überziehen. Der Kuchen kann in Folie einige Tage gelagert werden, dann ist er saftig und schmeckt besonders gut.

Kürbis – der Tausendsassa

Es gibt über 400 Kürbissorten in vielen Variationen. Allgemein wird der Kürbis als Gemüse betrachtet, aber botanisch gesehen ist er die größte Beere der Welt. Seine ursprüngliche Heimat ist Südamerika, und er war anfänglich ein „Arme-Leute-Essen". Inzwischen ist der Kürbis aber auch in der gehobenen Küche Bestandteil von variationsreichen Gerichten. Der Kürbis wächst auf Feldern und in Gärten, Wochenmärkte und Gemüseläden bieten große Auswahl. Vorteilhaft ist, dass er leicht und lange lagerfähig ist, besonders der Winterkürbis. Der Kürbis ist nicht nur schön, sondern auch sehr gesund. Er ist reich an Vitamin A, C, D und E, liefert wertvolle Mineralstoffe wie Calcium, Kalium, Magnesium, Zink und Eisen. Er stärkt das Immunsystem, entwässert und entschlackt. Kürbiskerne enthalten außerdem wertvolle Fettsäuren und Phytohormone, sie wirken harntreibend, krampflösend und helfen bei Blasenleiden. Sehr wertvolle Kürbiskerne stammen von einem speziellen Ölkürbis aus der Steiermark. Diese Kerne sind in Apotheken, Naturkostläden und Reformhäusern erhältlich. Eine Kur mit Kürbiskernen dauert mehrere Monate (3x täglich 1–2 Esslöffel). Eine kulinarische Besonderheit ist das Kürbiskernöl, von dem jeder Blattsalat profitiert.

Kürbis-Quitten-Suppe

200 g Kürbis, gewürfelt
200 g Quitten, gewürfelt
1–2 Möhren, gewürfelt
1 Zwiebel, gewürfelt
1 EL Ingwer, gewürfelt
1 l Gemüsebrühe
125 ml Weißwein
2 TL Butter
½ Becher Schmand
1 Sträußchen Dill
Salz und Pfeffer

Zwiebel in Butter andünsten. Kürbis-, Quitten-, Möhren- und Ingwerwürfel zugeben und kurz dünsten und mit Weißwein ablöschen. Gemüsebrühe zugeben und zugedeckt 10–15 Min. garen. Die Suppe pürieren und mit Salz und Pfeffer abschmecken. Schmand mit Schneebesen cremig schlagen und Suppe anrichten, jede Portion mit 1 Klecks Schmand und etwas Dill garnieren.

Kürbis-Schinken-Suppe mit Kurkuma

600 g Kürbisfleisch
100 g roher Schinken
2 EL Butter
1 ¼ l Gemüsebrühe
1 TL Kurkuma
1 EL frischer Ingwer, gehackt
1 Prise Cayennepfeffer
1 Prise Muskat
1 Prise Salz
5 EL Sahne
2 EL Kürbiskerne zum Garnieren

Kürbisfleisch würfeln. Butter im Topf erhitzen und Kürbiswürfel und Ingwer darin anbraten. Mit Gemüsebrühe auffüllen. Kurkuma, Salz und Cayennepfeffer zugeben und garen. Mit dem Mixer pürieren. Sahne unterziehen. Den Schinken in feine Streifen schneiden und über die Suppe streuen. Die Suppe mit frisch geriebener Muskatnuss garnieren. Nach Belieben die Kürbiskerne in einer trockenen Pfanne ohne Fett goldgelb rösten und vor dem Servieren über die Suppe streuen.

Kürbisgemüse, pikant

1 kg Kürbisfruchtfleisch (Hokkaido)
100 g Rosinen
50 g Butterschmalz
15 g frische Ingwerwurzel
2 frische Lorbeerblätter
3 Gewürznelken
3 EL Balsamico-Essig weiß
Salz und Pfeffer aus der Mühle

Kürbisfleisch in kleine Würfel schneiden. Die Rosinen waschen, in 200 ml Wasser einweichen. Ingwer schälen und in kleine Scheiben schneiden. Das Butterschmalz in einem Topf nicht zu heiß werden lassen. Ingwer, Nelken, Lorbeer darin leicht anbraten. Kürbiswürfel zugeben, andünsten, dabei wenden. Die Rosinen samt Einweichwasser zugeben. Das Gemüse gut mit Balsamico-Essig, Salz und Pfeffer abschmecken. Zugedeckt vorsichtig 15 Min. dünsten, ab und zu umrühren.
Eignet sich gut als Beilage zu Geflügelbraten und Reis.

Gebackene Kürbisstreifen

500 g Kürbisfruchtfleisch (Hokkaido)

Salz und Pfeffer

Olivenöl

Kürbis mit Schale in ca. 1 cm breite Streifen schneiden. Blech oder Bratraine einfetten. Die Kürbisstreifen mit Salz und Pfeffer würzen, aufs Blech legen und mit Olivenöl beträufeln. 15–20 Min. bei 180 °C im Ofen backen, evtl. nachwürzen. Beilage zu Blattsalat.

Kürbis-Ingwer in Apfelwein

1,5 kg Kürbis (Fruchtfleisch)

1 Fl. Apfelwein (0,75 l)

¼ l Weinessig

1 kg Zucker

50 g frischer Ingwer

1 Zitrone

1 Stange Zimt

15 Gewürznelken

Kürbis-Fruchtfleisch in Würfel schneiden und mit Weinessig in einen Topf geben. 24 Stunden ziehen lassen, ab und zu umrühren. Danach Kürbisstücke in ein Sieb geben, abtropfen lassen. Apfelwein mit Zucker aufkochen. Die Kürbisstücke darin portionsweise glasig kochen (4 Min.), herausnehmen, im Sieb abtropfen lassen. Ingwer schälen, in Scheiben schneiden. Zitrone heiß waschen, abtrocknen, in Scheiben schneiden. Zitronen- und Ingwerscheiben, Zimtstange und Nelken in den Sud geben, 5 Min. kochen lassen. Kürbisstücke in saubere Twist-Off-Gläser füllen. Heißen Sud mit Zitronenscheiben und allen Gewürzen darübergießen und verschließen.

Tipp:
Kürbis-Ingwer hält sich mehrere Monate. Schmeckt gut zu kurz gebratenem Schweinefleisch, Fondue oder exotischen Reisgerichten.

Tomaten –

wenig Kalorien – viel Lykopin

Die Tomate, früher Paradeiser, Paradiesapfel oder Liebesapfel genannt, gehört wie die Kartoffel oder Aubergine zur Familie der Nachtschattengewächse. Die rote Frucht ist botanisch eigentlich eine Beere. Das Herkunftsgebiet der Tomate ist Mittel- und Südamerika, dort wurde sie von den Majas angebaut. Um 1500 kam sie wahrscheinlich durch Kolumbus nach Europa, und noch im 18. Jahrhundert betrachtete man sie als Zierpflanze. Erst im 19. Jahrhundert wurde die Tomate als Lebensmittel akzeptiert und vor allem in Süddeutschland für Salate, Soßen und Suppen verwendet. Heute sind Tomaten aus unserem Speiseplan nicht mehr wegzudenken.

Eine bunte Sortenvielfalt wird von Hobbygärtnern im Garten unter Folien oder in einfachen Kübeln angepflanzt. Schon im Spätsommer leuchten die knallroten Früchte über den Gartenzaun und ihr Aroma lässt sich durch Importware nicht toppen.

Tomaten sind ähnlich wie Gurken und Zucchini sehr kalorienarm (19 kcal/100 g). Sie sind reich an Kalium und ihr großer Trumpf sind die Carotinoide, Vorstufen von Vitamin A, dazu gehört Lykopin, das immer mehr in den Blickpunkt der Forschung rückt. Lykopin ist ein wirkungsvolles Antioxidans, das Körperzellen vor freien Radikalen schützt und eine krebsvorbeugende Wirkung hat. Ein großer Vorteil von Lykopin ist, dass es in verarbeiteter Form am besten vom Körper aufgenommen werden kann und relativ hitzestabil ist. Konzentrierte Tomatenprodukte wie Tomatenmark, passierte Tomaten oder Tomatensoßen enthalten Lykopin in hoher Dosis. Fazit: Bunt essen ist gesund!

4 Fleischtomaten
2 Knoblauchzehen
4 EL Olivenöl
1 EL Tomatenmark
Salz und Pfeffer
½ Tasse Oliven
8 Scheiben Baguette
3 Stiele frisches Basilikum

Tomaten-Bruschetta mit Basilikum

Tomaten kurz blanchieren und in Würfel schneiden. Knoblauch schälen und würfeln. 2 Esslöffel Olivenöl erhitzen. Tomatenwürfel, Tomatenmark und Knoblauch andünsten und mit Pfeffer und Salz abschmecken. Baguettescheiben mit restlichem Olivenöl bepinseln und in einer Pfanne von beiden Seiten goldgelb anrösten. Geschmorte Tomaten auf die Brotscheiben verteilen, mit Basilikum und Oliven garnieren.

Tipp:
Eignet sich als Vorspeise.

Anmerkung:
Das ursprüngliche „Arme-Leute-Essen" stammt aus Mittel- und Süditalien.

1 kg reife Tomaten
1 Zwiebel, gewürfelt
30 g Butter
1–2 EL Mehl
1 ¼ l Gemüsebrühe
Salz, Pfeffer
Zitronensaft
wenig Thymian
100 g Sahne
4 EL Schnittlauchröllchen

Tomatensuppe mit Sahnehäubchen

Tomaten waschen, klein schneiden, mit wenig Wasser und Thymian weich kochen. Durch ein Sieb streifen. Helle Einbrenne herstellen:
Butter erwärmen, Zwiebelwürfel andünsten. Mehl zugeben, lichtgelb rösten. Passiertes Tomatenmark dazugeben und mit Brühe auffüllen, bis die gewünschte Konsistenz erreicht ist. Mit Salz, Pfeffer und Zitronensaft abschmecken. Bei mäßiger Hitze 5–10 Min. kochen. Sahne cremig schlagen, ein paar Esslöffel unter die Suppe rühren. Restliche Sahne als Sahnehäubchen auf die angerichtete Suppe geben und mit Schnittlauchröllchen garnieren.

Tomaten mit Kräutercreme gefüllt

4 große Fleischtomaten
250 g Frischkäse
5 EL gehackte Kräuter: Kerbel, Dill, Zitronenmelisse
2–3 EL Milch
Salz
Pfeffer aus der Mühle
4 Salatblätter

Die Tomaten waschen und abtrocknen, Deckel abschneiden und die Tomaten aushöhlen. Frischkäse mit Milch cremig rühren, Kräuter dazugeben und mit Pfeffer und Salz abschmecken.
Die Tomaten mit der Creme füllen, mit Kräutern garnieren und auf den Salatblättern anrichten.
Eignet sich für ein kaltes Büfett.

Tomaten-Porree-Pfanne

300 g Porree
750 g Fleischtomaten
8 Eier
20 g Butter
Salz, Pfeffer
1 Bund Schnittlauch

Tomaten waschen, Strunk entfernen und in Scheiben schneiden. Porree halbieren, waschen und fein schneiden. Butter in einer großen Pfanne erhitzen und Porree in der Butter glasig dünsten. Hitze reduzieren. Tomatenscheiben aufs Porree legen, Eier einzeln auf die Tomatenscheiben gleiten lassen, mit Salz und Pfeffer würzen. Pfanne abdecken. Sobald die Eier gestockt sind, wird das Gericht mit Schnittlauchröllchen bestreut und serviert. Dazu passen Kartoffeln oder Reis.

Eier im Tomatenmantel

8 große Tomaten
Kräutersalz
8 Eier
zum Bestreuen: gehackte Kräuter und geriebener Käse

Tomaten waschen, abtrocknen, einen Deckel abschneiden, aushöhlen und mit Kräutersalz würzen. Tomaten in eine gefettete Auflaufform setzen und in jede Tomate vorsichtig ein Ei gleiten lassen. Mit Kräutern und Käse bestreuen. Im Backofen bei 200 °C ca. 15 Minuten stocken lassen.

Tomaten-Drink

1 Portion:
125 ml Tomatensaft
½ Becher Naturjoghurt
60 ml Milch
Salz und Pfeffer aus der Mühle
1 Prise Zucker
1 TL Schnittlauchröllchen

Alle Zutaten mixen, abschmecken und mit Schnittlauch garnieren. Sollte die Konsistenz zu sämig sein, kaltes Mineralwasser mitmixen.

Tomaten-Avocado-Cocktail

300 g Kirschtomaten
2 reife Avocado
1 Limette
2 Knoblauchzehen
1 rote Zwiebel
2 EL Olivenöl
Salz, Pfeffer, 1 Prise Zucker
3 Stiele Basilikum

Marinade herstellen: Limette auspressen, Saft mit Salz, Pfeffer, Zucker und 2 EL Wasser verrühren, Öl darunterschlagen. Zwiebel und Knoblauch schälen, fein würfeln. Basilikum waschen (einige Blätter zurücklegen), hacken und mit Zwiebel und Knoblauch zur Marinade geben. Tomaten waschen und halbieren, Avocado halbieren, Steine entfernen. Fruchtfleisch mit Esslöffel aus den Schalen herauslösen, in grobe Würfel schneiden und mit den Tomaten in die Marinade geben.
Den Tomaten-Avocado-Cocktail abschmecken und in Glasschälchen anrichten. Dazu passt Toast.

Feuriger Tomaten-Peperoni-Salat

1 kg Tomaten
1 Zwiebel
1 grüne Peperoni
½ TL schwarzer gemahlener Pfeffer
½ TL Kreuzkümmel-Pulver
½ TL Peperonipulver
Saft von 1 Zitrone
2 TL kalt gepresstes Olivenöl
Salz

Tomaten waschen, abtropfen lassen und in Scheiben schneiden. Zwiebel schälen, in Ringe schneiden. Peperoni waschen, halbieren, Kerne entfernen und in Streifen schneiden. Marinade herstellen aus Zitronensaft, Öl, Peperonipulver, Kreuzkümmel-Pulver, Pfeffer und Salz. Tomaten, Zwiebelringe und Peperonistreifen hinzufügen, abschmecken.

Tomaten-Chili-Pesto

1 rote, frische Chilischote
2 Knoblauchzehen
125 ml Olivenöl
100 g Tomaten aus dem Glas (getrocknet, in Öl eingelegt)
20 g Parmesankäse, gerieben
3 EL Sonnenblumenkerne
Salz, Pfeffer aus der Mühle

Chilischote der Länge nach aufschneiden. Kerne und Scheidewände entfernen, würfeln. Tomaten aus dem Glas nehmen, grob hacken. Knoblauch schälen. Die Sonnenblumenkerne in einer heißen Pfanne trocken anrösten. Olivenöl und alle Zutaten in Mixer geben, fein pürieren. Mit Salz und Pfeffer abschmecken. Schmeckt gut zu Geflügel, Eiern, Fladenbrot.

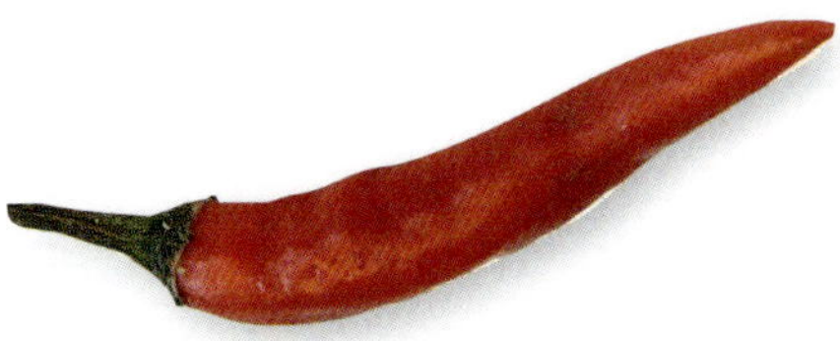

- ½ kg Cocktailtomaten
- 5–6 Knoblauchzehen
- ¼ l Kräuteressig
- ¼ l Wasser
- 2–3 Lorbeerblätter, frisch
- 5–6 Knoblauchzehen
- 6 Wacholderbeeren
- 8–10 Pfefferkörner
- ½ TL Senfkörner
- 1 kl. Zweig Estragon oder Rosmarin
- Zucker und Salz zum Abschmecken
- 2–3 EL Olivenöl zum Abdecken

Cocktailtomaten mit Knoblauch in Essigmarinade

Estragon oder Rosmarin waschen, abtropfen lassen. Cocktailtomaten waschen, abtropfen lassen. Knoblauchzehen schälen. Tomaten und Knoblauch in ein Schraubglas schichten. Sud herstellen aus Essig und Wasser und Salz, Zucker und alle Gewürze zugeben. Kurz aufkochen und 10 Min. ziehen lassen. Die Marinade kräftig abschmecken und heiß über die Tomaten und den Knoblauch gießen, abkühlen lassen. 1–2 cm Olivenöl auf die Marinade gießen, Glas verschließen. Cocktailtomaten mindestens 2 Tage an einem kühlen Ort ziehen lassen, bevor sie verzehrt werden. Marinade-Cocktailtomaten sind eine erfrischende, kalorienarme Beilage und passen gut zu einem rustikalen kalten Buffet oder zu Grillgerichten.

Tipp:
Marinade-Cocktailtomaten halten sich mindestens vier Wochen, wenn sie kühl und dunkel stehen. Der Olivenölspiegel verhindert, dass Keime entstehen.

Schwarzer Holunder – köstlich und gesund

Der Volksmund sagt: „Wenn du am Hollerbusch vorbeigehst, dann zieh deinen Hut!“
Es gibt nur wenige Heilpflanzen, die bei unseren Vorfahren so beliebt waren und so verehrt wurden wie der Holunder. Er galt in früheren Zeiten als heiliger Baum, der Unheil von Mensch und Tier abwenden sollte. An jedem Haus musste ein Holunderbusch stehen, der nicht abgehackt werden durfte. Wir finden ihn auch heute noch bevorzugt in der Nähe menschlicher Siedlungen in Hausgärten, an Scheunen und Stallungen. Der intensive Geruch von Blättern und Blüten hat eine Fliegen abwehrende Wirkung.
Der Holunder ist anspruchslos und sehr verbreitet, dazu tragen auch die Vögel bei. Sie fressen gerne die schwarzen Beeren und verteilen mit ihrem Kot die Samen. Der Samen keimt überall, besonders in nährstoffreichen Dungstätten und Kompostanlagen, daher wird der Holunder heute fast als Unkraut betrachtet, aber dieses Attribut verdient er nicht. Der unbelaubte Strauch mit seinen krummen, rissigen Ästen ist zwar nicht besonders schön, doch wenn er sich im Frühjahr überall mit den duftenden weißen Blütendolden schmückt, wird man an das Märchen „Frau Holle“ erinnert.
Der Holunder gehört als alte Kulturpflanze genauso in die dörfliche Landschaft wie die Dorflinde.

Wichtige Inhaltsstoffe des Holunders:
Die Blüten und Früchte des Holunders enthalten Glycoside und Flavonoide, die eine schweißtreibende Wirkung haben. Ferner enthält die Pflanze Schleimstoffe und ätherische Öle, die den Holunder zu einem wirksamen Heilmittel der Volksmedizin machen. In Blättern und Rinde wurde ein Blausäure abspaltendes Glykosid nachgewiesen, und auch in unreifen Früchten ist dieses Glykosid noch enthalten, darum nur ausgereifte Beeren ernten!
Rohe Beeren dürfen nicht gegessen werden, sie rufen Übelkeit hervor (besonders Kinder darauf hinweisen!).
Durch das Kochen der Beeren oder Dampfentsaften wird die Blausäure unschädlich gemacht.

Holunder gegen Erkältung und Rheuma
Heißer Holunderbeerensaft ist ein altbewährtes Mittel gegen Erkältungskrankheiten. Aus dem Saft kann man auch Gelees, Desserts und schmackhafte Suppen herstellen.
Holundersaft, der im Dampfentsafter hergestellt wird, soll nicht pur getrunken werden!

½ Tasse Holunderbeerensaft

½ Tasse heißes Wasser oder heißer Früchtetee

Saft einer halben Zitrone

Honig nach Geschmack

Heißer Holundertrunk gegen Erkältung

Holunderbeerensaft in eine Tasse geben, die Tasse mit heißem Wasser oder Tee auffüllen. Zitronensaft dazugeben und nach Belieben mit Honig süßen. Sofort trinken. Mehrmals täglich wiederholen.

½ l Holundersaft

brauner Kandis nach Bedarf

8 Gewürznelken

1 Sternanis

Schale und Saft einer ungespritzten Zitrone

1 Fl. Rotwein (0,75 l)

1 Likörglas Rum

Holunder-Rotwein-Punsch

Zitrone schälen und auspressen. Holundersaft mit Kandis, Gewürzen und Zitronenschale erhitzen und ½ Stunde ziehen lassen. Gewürze entfernen, Rotwein und Zitronensaft dazugeben. Nochmals erhitzen, nicht kochen, und zum Schluss mit Rum abschmecken. Heiß servieren.

1 l Holundersaft

¼ l Wasser

80–100 g Zucker

1 Zimtstange

2–3 Nelken

1 EL Stärkemehl

Saft einer Zitrone

2–3 Äpfel

Schwarze Holundersuppe

Holundersaft mit Wasser, Zucker und Gewürzen zum Kochen bringen. Die Äpfel schälen, in Spalten schneiden, in die Suppe geben und bissfest kochen. Stärkemehl mit kaltem Wasser anrühren und die Suppe damit binden, vorher Zimtstange und Nelken entfernen. Die Suppe mit Zitronensaft und Zucker abschmecken. Heiß servieren oder als Kaltschale mit Sahne reichen. Zur heißen Suppe passen Grießnockerl oder Schneeklößchen.

3/4 l Milch
1/2 Vanilleschote
2 frische Eiweiß
2 EL Puderzucker
einige Tropfen Zitronensaft

Schneeklößchen in Holundersuppe nach Großmutter-Art

Die Milch mit der gespaltenen Vanilleschote in einem weiten, flachen Topf zum Kochen bringen.
Das kaltgestellte Eiweiß mit einigen Tropfen Zitronensaft zu sehr steifem Eischnee schlagen.
Puderzucker in den Eischnee sieben, schlagen, bis der Eischnee sich ballt. 2 Esslöffel in kaltes Wasser tauchen und damit Klößchen von der steifen Eischneemasse abstechen und in die kochende Vanillemilch setzen.
Zugedeckt 2–3 Min. ziehen lassen. Die Klößchen dürfen sich nicht berühren. Mit 2 Löffeln die Klößchen vorsichtig wenden, nochmals zugedeckt 2–3 Min. ziehen lassen.
Mit dem Schaumlöffel die Klößchen herausnehmen und auf einem Sieb abtropfen lassen. Diesen Vorgang wiederholt man, bis alle Klößchen gegart sind.

Tipps:
Schneeklößchen gelingen nur gut, wenn man frische Eier verwendet und den Eischnee sehr steif schlägt.
Beim Einlegen der Klößchen in die Milch den restlichen Eischnee bis zur Verwendung wieder kalt stellen.

Mit den fertigen Klößchen können sowohl die Holundersuppe als auch die Kaltschale schön dekoriert werden.
Die Vanillemilch kann warm oder kalt als Beilage zur Suppe gereicht werden.
Nach Belieben mit Zucker abschmecken.

1 kg frische Holunderbeeren
2 Birnen
1/2 Stange Zimt
Schale von 1/2 Zitrone
3/4 l Wasser
100 g Honig
1 Prise Salz
2 EL Speisestärke
125 ml Weißwein
1/4 l Sahne

Holunderbeer-Creme mit Birne

Die Birnen in Spalten schneiden. Holunderbeeren von den Stielen streifen, mit Wasser zum Kochen bringen und 15 Minuten bei mittlerer Hitze zugedeckt kochen lassen.
Das Mus durch ein Sieb streichen, mit Birnenspalten, Honig, Zimt, Zitronenschale und Salz noch einmal kurz aufkochen.
Zimtstange und Zitronenschale entfernen und Speisestärke mit dem Wein verrühren und unter die Creme heben.
In Portionsschalen erkalten lassen und mit Sahne verzieren.

Holunder-Essig „Blaues Wunder"

1 l Balsamico-Essig, dunkel
800 g frische Holunderbeeren
400 g Zucker
1 Zimtstange
5 Gewürznelken
5 Pimentkörner

Balsamico-Essig und Zucker aufkochen. Gewürzbeutel mit Zimtstange, Nelken und Pimentkörner hineinhängen und 10 Min. köcheln lassen. Holunderbeeren zugeben, weich kochen, abkühlen lassen und Gewürze entfernen. Essig durch ein feines Sieb oder Mulltuch gießen. Nochmal erhitzen, heiß in Flaschen geben und verschließen.
Dieser Holunder-Essig eignet sich besonders für Wildgerichte.

Holunderpunsch ohne Alkohol

½ l Holundersaft
¼ l schwarzer Tee
1 Zimtstange
4–5 Gewürznelken
¼ TL gem. Ingwer
1 Zitrone (ungespritzt)
Honig oder brauner Kandiszucker zum Süßen

Holundersaft zusammen mit dem abgeseihten Tee erhitzen. Die Gewürze mit der ungespritzten Zitronenschale zugeben und 5–10 Min. ziehen lassen. Nicht kochen! Nach Belieben mit Honig oder Kandiszucker süßen und mit Zitronensaft abschmecken.
Den Holunderpunsch möglichst heiß trinken.

Holunderbeeren-Sirup

500 g reife Holunderbeeren
500 g Zucker
1 l Wasser
5 Nelken
1 Zimtstange

Die verlesenen, gewaschenen Beeren mit Wasser übergießen und 20 Min. kochen lassen. Den Saft abseihen, Zucker und die Gewürze hinzufügen und nochmals zum Kochen bringen. 10 Min. köcheln lassen, dann die Gewürze entfernen und den Sirup heiß in saubere Flaschen füllen. Verschließen und kühl aufbewahren.

Tipp:
Dieser Holunder-Sirup kann vielfältig verwendet werden, z. B. mit Wasser verdünnt als Heiß- oder Kaltgetränk oder als Fruchtsoße zu Milchreis und Vanillepudding.

Schwarzer Holunderbeeren-Likör

1 kg Holunderbeeren
600 g Zucker
3/4 l Wasser
1 Vanilleschote (längs aufgeschnitten)
1 unbehandelte Zitrone
3/4 l Rum (54 %)

Holunderbeeren, Zucker, Wasser, Vanilleschote und Zitronenscheiben 20 Min. kochen. Abseihen und Rum zugeben. Likör in Flaschen füllen und 2–3 Monate im Keller ruhen lassen.

Holunder-Apfel-Konfitüre

600 g reife Holunderbeeren
500 g Äpfel
Saft einer Zitrone
1 kg Gelierzucker 1:1
1 Prise Kardamom

Holunderbeeren waschen, abtropfen lassen. Äpfel waschen, klein schneiden. Holunderbeeren und Äpfel in wenig Wasser weich andünsten, durch ein Sieb oder die „Flotte Lotte" passieren. Vom Fruchtmus 1 Liter abmessen, evtl. etwas Flüssigkeit zugeben, mit Zitronensaft und Kardamom verfeinern. Das Mus in einen Topf geben, mit Gelierzucker mischen und nach Anleitung auf der Packung kochen. Heiß in saubere Twist-Off-Gläser füllen und sofort verschließen.

Holunder-Ebereschen-Konfitüre mit Birnen

500 g reife Holunderbeeren
400 g reife Birnen
100 g Ebereschenbeeren (Vogelbeeren)
1 Tasse Wasser
Saft von 1 Zitrone
1 kg Gelierzucker 1:1

Obst waschen und abtropfen lassen. Holunderbeeren und Ebereschenbeeren mit Gabel abzupfen. Birnen schälen, Kernhaus entfernen und klein schneiden. Alle Früchte in einen Topf geben und mit Zitronensaft beträufeln. Eine Tasse Wasser zugeben. Zugedeckt weich dünsten, öfter umrühren und die Früchte leicht zerdrücken. Den Gelierzucker zugeben, 4 Min. kochen lassen.
Heiß in vorbereitete Twist-Off-Gläser füllen und sofort verschließen.

Kraut & Co. – Heilkraft vom Acker

Kohl, auch Weißkraut genannt, gehört zur Familie der Kreuzblütler und zählt zu den ältesten Kulturpflanzen. Die Oberpfalz war immer ein Krautland, und in der bäuerlichen Küche wird das Kraut heute noch sehr geschätzt.
Neben Weißkohl bereichern Rotkohl, Wirsing, Rosenkohl, Grünkohl, Broccoli und Chinakohl den Speiseplan im Winter. Es gibt unzählige Kohlgerichte und Rohkostrezepte. Die verschiedenen Kohlarten liefern dem Körper wertvolle Vitamine, Mineralstoffe und Ballaststoffe. 100 g Weißkohl weisen 50 mg Vitamin C auf, in 100 g Grünkohl befinden sich sogar 140 mg und der Rosenkohl mit 102 mg/100 g gehört ebenfalls zu den Spitzenreitern.

Abwehrkräfte gestärkt
In den einzelnen Kohlarten befinden sich unterschiedliche sekundäre Pflanzenstoffe mit therapeutischer Wirkung, z. B. Flavonoide und die für Kreuzblütler typischen Glukosinolate, die in den vergangenen Jahren besonders in das Blickfeld der Forschung gerückt sind. Diese bioaktiven Substanzen stärken z. B. die Abwehrkräfte im menschlichen Körper und stimulieren das Immunsystem. Sie wirken krebshemmend und antimikrobiell, d. h. sie „killen" Bakterien, Viren und Pilze, um hier nur einige Beispiele zu nennen. Weißkraut findet nicht nur als deftige Hausmannkost seit Großmutters Zeiten großen Anklang, auch in der Volksmedizin wurde Kohl auf verschiedene Weise genutzt.

Gesundheitstipp:
Noch heute bewähren sich „Krautwickel" bei Kniebeschwerden, sie bringen zumindest Linderung. Dazu werden frische Weißkraut- oder Wirsingblätter verwendet. Man flacht die dicken Rippen mit dem Messer ab, walzt die Blätter mit dem Nudelholz oder stampft sie mit dem Kartoffelstampfer. Das ist wichtig, damit die Pflanzenfaser aufgebrochen wird und der Pflanzensaft austreten kann.
Dann werden die Krautblätter über das Knie gelegt und mit einer elastischen Binde befestigt. Am besten geschieht das vor dem Zubettgehen. Am Morgen werden die Krautblätter abgenommen. Der Wickel hat eine kühlende, abschwellende Wirkung.

Sauerkraut regeneriert den Darm
Die milchsäurebildenden Bakterien machen den Kohl zum Sauerkraut. Milchsäurebakterien bauen eine gesunde Darmflora auf. Sie entgiften den Körper und sorgen für eine geregelte Verdauung und gesteigertes Wohlbefinden. Natürlich vergorenes, frisches Sauerkraut ist ein sehr gesundes Lebensmittel, es liefert Vitamin C, A, B und vor allem Vitamin K, außerdem Calcium, Kalium, Phosphor und Ballaststoffe. Sauerkraut sollte möglichst roh gegessen werden, es lässt sich gut mit Äpfeln und Zwiebeln kombinieren. Sauerkraut hat wenig Kalorien und eignet sich gut, um überflüssige Pfunde abzubauen, ohne auf eine schmackhafte Mahlzeit verzichten zu müssen. Sauerkraut ist somit auch eine vitalstoffreiche Reduktionskost.
Wir können uns körperliche Beschwerden ersparen, wenn wir uns wieder nach der Lebensweisheit des griechischen Arztes Hippokrates richten, der sagte: „Eure Nahrungsmittel sollen eure Heilmittel sein!" Unsere heimischen Äcker und Gärten liefern für den Winter wertvolle und preiswerte Erzeugnisse, die wir für unsere Gesundheit wieder mehr entdecken und nutzen sollten.

Echtes Hausmacher-Sauerkraut

Sechs Schritte zum eigenen Sauerkraut

5 kg frisches Weißkraut
100 g Salz
Kümmel
Wacholderbeeren
Lorbeerblätter
2 Äpfel oder Karotten

1. Das Gefäß, in das das Kraut eingelegt werden soll, gut reinigen.
2. Von den Krautköpfen die äußeren Blätter entfernen, halbieren und den Strunk herausschneiden. Dann den Krautkopf vierteln und mit einem Krauthobel (alternativ kann bei kleineren Mengen auch ein Gurkenhobel benutzt werden) fein hobeln.
3. Das Kraut kräftig mit Salz durchmengen. Das Kernhaus der Äpfel entfernen und dann die Äpfel vierteln und ebenfalls hobeln.
4. Den Gärbehälter mit sauberen Krautblättern auslegen und darauf eine sechs bis zehn Zentimeter hohe Krautschicht ausbreiten und fest stampfen.
5. Darauf Kümmel, Wacholderbeeren, 1–2 Lorbeerblätter, Äpfel- und Karottenstückchen ausbreiten und weiter stampfen, bis Flüssigkeit auf der Kohlschicht steht. So kommt eine Schicht nach der anderen in den Gärbehälter, bis der Kohl aufgebraucht ist.
6. Am Schluss wird das Kraut mit ganzen Kohlblättern und einem Tuch bedeckt sowie mit einem sauberen Brett oder einem anderen geeigneten Deckel, mit einem Stein beschwert und an einem dunklen, kühlen Ort (am besten in einem frostfreien Kellerraum mit unter 15 Grad) luftdicht abgeschlossen. Das Kraut muss ganz mit Flüssigkeit bedeckt sein und der Deckel so beschaffen sein, dass die Gase am Rand entweichen können.

Wichtig:
Während des Gärprozesses darf keine Luft an das Kraut gelangen, da sonst die Gärung, bei der sich der Zucker in Milchsäure verwandelt, nicht einsetzt. Nach drei bis sechs Wochen ist das Sauerkraut fertig.

Alternative für den kleinen Bedarf:

Gemüse fermentieren – altes Verfahren, neuer Genuss

Fermentieren ist eine alte Methode zur Haltbarmachung von geraspeltem oder gehobeltem Gemüse, das unter Zugabe von Salz oder Salzlake eingestampft wird. Die vorhandenen Milchsäurebakterien wandeln die im Gemüse enthaltenen Zuckerarten in Milchsäure um. Die Milchsäurevergärung hat den Vorteil, dass die Vitamine erhalten bleiben. Fermentiertes Gemüse hat einen günstigen Einfluss auf die Darmflora, schmeckt gut und ist als Salat-Beilage einfach zu handhaben, weil es nach der Vergärung fix und fertig und jederzeit verfügbar ist. Auch berufstätige Menschen können es portionsweise zur Arbeit mitnehmen.

Fermentierter Rotkohl (oder Weißkohl)

1 kg Kohl (mittelgroßer Kopf)
10 g Natursalz ohne Zusätze
1 kleine Zwiebel
1 Apfel
10 Wacholderbeeren
2 Lorbeerblätter

Äußere Kohlblätter entfernen und Kohl vierteln – Strunk herausschneiden. Kohl fein raspeln oder hobeln. Zwiebel und Apfel schälen und raspeln. Das gehobelte Kraut mit Salz in eine Schüssel geben. Alle Zutaten dazugeben, durchkneten.
Die Kohlmischung in ein großes Einmachglas füllen (⅓ bis zum Rand frei lassen) und gut einstampfen. Der Kohl muss mit Flüssigkeit bedeckt sein, evtl. abgekochtes Wasser auffüllen. Saubere Kohlblätter auflegen und beschweren, evtl. kleines Glas mit Wasser gefüllt daraufstellen, damit die Luft herausgedrückt wird. Das Einmachglas mit Deckel, Gummiring und Klemmbügel verschließen. Den Kohl bei Zimmertemperatur 5–8 Tage gären lassen, es bilden sich kleine Luftbläschen. Das Glas gelegentlich kurz lüften. Wenn der gewünschte Geschmack und der Säuregrad erreicht ist, das Glas in den Kühlschrank stellen, dann wird die Fermentierung gestoppt.
Das Gemüse hält sich mindestens 8 Wochen, wenn es nicht vorher aufgegessen wird.

Sauerkraut-Rohkost

- 500 g rohes Sauerkraut
- 1 Apfel (mittelgroß)
- 1 Gewürzgurke
- 1 Zwiebel
- 1 TL Milchzucker
- 1 TL Öl
- Pfeffer oder Basilikum zum Abschmecken

Sauerkraut auflockern, evtl. etwas klein schneiden, Apfel und Gurke würfeln und dazugeben, Öl darauf träufeln und mit den Gewürzen abschmecken. Gut mischen.

Weißkohlsalat

- 500 g Weißkohl oder Spitzkohl
- 1 TL Salz
- 1 Zwiebel, gehackt
- 2–3 EL Zitronensaft oder Essig
- 2–3 EL Öl
- Kümmel nach Belieben

Weißkohl putzen, halbieren und sehr fein hobeln. Lagenweise in Schüssel geben, mit Salz bestreuen und stampfen. ½ Std. durchziehen lassen, dann die übrigen Zutaten hinzufügen und gut mischen. Nach Belieben kann anstelle von Öl auch klein geschnittener, leicht angebratener Schinkenspeck dazugegeben werden.

Wirsingsalat

- 250 g Wirsingkohl
- 2 EL gehackte Walnüsse
- 2–3 EL Zitronensaft
- 1 EL Öl
- 125 g Kefir
- 1 Prise Salz und Pfeffer
- ½ TL gemahlener Kümmel

Wirsingkohl waschen, putzen, fein hobeln. Marinade herstellen aus Kefir, Zitronensaft und Öl. Den gehobelten Wirsingkohl untermischen. Die Rohkost mit Salz, Kümmel und Pfeffer würzen und abschmecken. Zugedeckt ½ Std. durchziehen lassen.
Vor dem Anrichten die gehackten Walnüsse darüberstreuen.

500 g Rotkohl
1 Zwiebel
2 Äpfel
1 Orange
2 TL Honig
4 EL Rosinen
4 EL kaltgepresstes Öl
Saft einer Zitrone
Salz, Pfeffer
Dekoration:
3 EL gehackte Walnüsse

Rotkohlsalat mit Apfel und Orange

Rotkohl putzen, fein hobeln. Zwiebel schälen, würfeln, dazugeben und mit Salz und Pfeffer würzen. Äpfel waschen, mit oder ohne Schale würfeln. Orange schälen und klein schneiden. Die Früchte zum Rotkohl geben und mit Honig, Rosinen, Zitronensaft und Öl mischen. Zugedeckt ½ Std. ziehen lassen.
Walnüsse hacken und damit den Salat garnieren.

250 g frisches Sauerkraut
2 mittelgroße Kartoffeln
2 mittelgroße Möhren
1 Zwiebel
1 TL Currypulver
5 zerstoßene Koriander-Körner
1 ½ l Gemüsebrühe (Instant)
2 EL Kürbiskerne
2 EL Pflanzenöl
3 EL Milch
Salz und Pfeffer zum Abschmecken

Würzige Sauerkraut-Suppe

Das Sauerkraut klein schneiden. Kartoffeln und Möhren waschen, schälen und grob raspeln. Zwiebel in Würfel schneiden, in einem Kochtopf mit zwei Esslöffel Öl andünsten. Geraspelte Kartoffeln und Möhren und Sauerkraut dazugeben, umrühren, andünsten. Mit Gemüsebrühe auffüllen. Currypulver und gestoßenen Koriander dazugeben. 15–20 Min. leise kochen lassen, ab und zu umrühren.
Mit Salz und Pfeffer gut abschmecken. Die Milch dazugeben. Falls die Suppe zu dick ist, kann noch etwas Wasser nachgefüllt werden.
Vor dem Anrichten die Kürbiskerne in einer trockenen Pfanne ohne Fett leicht anrösten, dann über die Suppe geben.
Diese Suppe ist leicht, kalorienarm, sehr schmackhaft und eignet sich auch als einfache Mahlzeit, wenn Brot dazu gereicht wird.

1 kg Weißkraut
1 Zwiebel, geschnitten
40 g Fett
Salz, Pfeffer
1–2 TL Kümmel
2–3 EL Essig
1 TL Zucker
¼ l Wasser
1 EL Mehl

Bayerisch Kraut mit Kümmel

Kraut putzen, waschen, vierteln, Strunk entfernen und hobeln. Fett erhitzen, Zucker darin leicht bräunen. Zwiebel und Kümmel dazugeben, glasig dünsten. Kraut untermischen, ebenso Essig, Salz und wenig Flüssigkeit. Im geschlossenen Topf unter Zugabe der restlichen Flüssigkeit ½ – ¾ Std. garen. Kurz vor Ende der Garzeit das Gemüse mit Mehl bestäuben, noch aufkochen lassen und abschmecken. Bayerisch Kraut passt zu Fleischgerichten und Kartoffeln.

Tipp:
Im Dampfdrucktopf beträgt die Garzeit 8–10 Min. Wen die Kümmelkörner stören, der kann auch mit gemahlenem Kümmel würzen.

300 g rohes Sauerkraut
300 g rohe geriebene Kartoffeln
1 Apfel
1 Zwiebel
1–2 Eier
100 g Weizenmehl (Typ 1050)
Kümmel und Salz zum Würzen
Öl zum Ausbacken

Sauerkraut-Küchle

Sauerkraut schneiden. Kartoffeln und Äpfel schälen und raspeln, Zwiebel fein schneiden. Alle Zutaten mischen, abschmecken und 20 Min. durchziehen lassen. Mit Löffel kleine Küchle formen, im heißen Öl ausbacken und heiß servieren.

Zutaten für den Teig:

400 g Weizenvollkornmehl

1 Päckchen Hefe

4 EL Öl

knapp 1/4 l lauwarme Milch

1 TL gemahlener Kümmel

1/2 TL Salz

Zutaten für den Belag:

500 g Sauerkraut

2 mittelgroße Äpfel

3 Zwiebeln

1 rote Paprikaschote

5–6 EL Öl

1–2 TL Kümmel

2 TL Paprikapulver, edelsüß

Salz zum Abschmecken

200 g geriebener Emmentaler oder Edamer Käse

evtl. 2–3 EL Sauerkrautsaft oder Weißwein

Sauerkraut-Pizza

Aus den Zutaten mittelfesten Hefeteig herstellen, gehen lassen. Inzwischen Belag vorbereiten. Das Sauerkraut fein schneiden. Zwiebeln schälen, fein schneiden. Äpfel raspeln und Paprikaschoten würfeln. Öl und Gewürze dazugeben, alles gut mischen und abschmecken. Sollte die Masse zu trocken sein, 2–3 EL Sauerkrautsaft oder Weißwein hinzufügen. Den Hefeteig ausrollen, auf ein gefettetes Blech geben, den Belag auf dem Teig verteilen und ein wenig festdrücken. Den Teig noch einmal kurz gehen lassen. Den Käse reiben und auf dem Kraut verteilen. Im vorgeheizten Ofen ca. 40–45 Min. bei Mittelhitze backen.

Tipp:
Nach Belieben 100–150 g gewürfelten Schinken zum Belag geben.

Topinambur –
ein „Appetitzügler" – neu entdeckt

Topinambur (Helianthus tuberosus) blüht wie eine Sonnenblume, ihre Knollen gleichen der Kartoffel und oberflächlich ähneln sie der Ingwerwurzel.
Die alte Kulturpflanze, auch „Erdartischocke" genannt, stammt aus Nordamerika und kam im 17. Jahrhundert durch Seefahrer nach Europa. Die Knollen waren wegen ihres guten Geschmacks sehr begehrt, sie wurden bei fürstlichen Tafeln als Delikatesse serviert, jedoch später durch die Kartoffel verdrängt.
In den letzten Jahren entdeckte man das gesunde Gemüse wieder für die Gourmet- und Diätküche. Geerntet werden die frischen Knollen von Oktober bis Mai, sie vertragen Frost bis –30 °C.
Topinambur ist ein kalorienarmes Wintergemüse mit reichlich Ballaststoffen, Vitaminen und Mineralstoffen. 100 g Knollen enthalten z. B. 12,6 g Ballaststoffe, 480 mg Kalium, 217 mg Phosphor und die Vitamine der B-Gruppe, Vitamin C, Carotin (die Vorstufe von Vitamin A). Wegen des hohen Anteils an Inulin (nicht verwechseln mit Insulin) ist Topinambur als Diätgemüse für Diabetiker geeignet. Zudem dämpft das Inulin im Rahmen einer Reduktionskost den Heißhunger, so dass Topinambur ein „natürlicher Appetitzügler" ist.
Der Darm soll sich erst an die unverdaulichen Kohlehydrate gewöhnen, darum beginnt man mit kleinen Portionen.

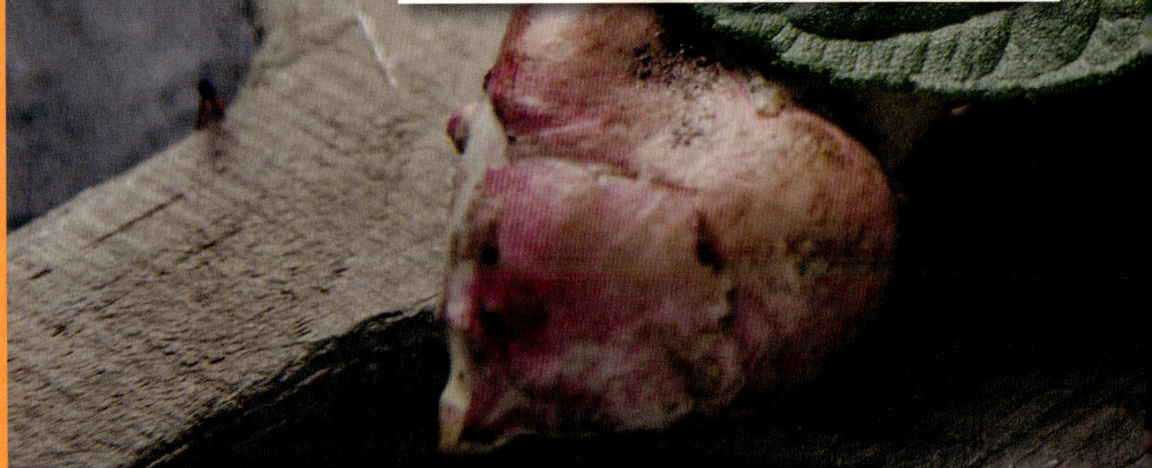

Verwendung in der Küche

Bei der Zubereitung genügt es, die Knolle lediglich unter fließendem Wasser abzubürsten, schälen ist überflüssig. Roh gegessen hat die Topinambur ein feines, nussfarbiges Aroma, man kann sie solo oder mit anderem Gemüse als Mischsalat anrichten. Oregano, Kümmel und Bohnenkraut als Gewürz fördern die Bekömmlichkeit der Knolle. Die gegarte Topinambur erinnert im Geschmack an Artischocke oder Schwarzwurzel. Ihr leicht süßliches Aroma kann mit einigen Tropfen Zitronensaft, vor dem Garen zugefügt, neutralisiert werden. Als schonende Garmethode eignet sich am besten kurzes Dünsten im eigenen Saft. Wird die Knolle roh verarbeitet, z. B. für Salate, sollte man beim Raspeln ebenfalls sofort Zitronensaft hinzufügen, um ein Verfärben zu vermeiden.

Topinambur-Gemüse gedünstet - Grundrezept

Pro Person 150–200 g Topinamburknollen sauber waschen, bürsten, in Würfel oder Scheiben schneiden und mit Zitronensaft beträufeln, damit sie sich nicht verfärben. Topinambur mit einer fein geschnittenen Zwiebel in Öl oder Butter andünsten. Bei Bedarf wenig Wasser dazugeben, mit Kräutersalz oder Gemüsebrühe-Würze abschmecken; ca. 8–10 Min. garen und mit frischen Kräutern servieren. Auf ähnliche Art kann auch Topinambur-Suppe hergestellt werden, dann wird entsprechend mehr Flüssigkeit genommen und zum Binden der Suppe eignen sich auch Hefeflocken.

Weizenkeimsalat mit Topinambur

4 EL Weizen (3–4 Tage keimen lassen)

400 g Topinamburknollen

2 Äpfel

1 grüne Paprikaschote

4 Tomaten

2 Zwiebeln

1 TL Oregano (getrocknet)

Petersilie, Schnittlauch und andere frische Salatkräuter, je nach Jahreszeit

Für die Soße:

Saft einer Zitrone

2 EL saure Sahne oder Joghurt

3 EL Oliven- oder Sonnenblumenöl

Kräutersalz und frisch gemahlener Pfeffer zum Abschmecken

Aus den angegebenen Zutaten eine Salatsauce herstellen. Die gekeimten Weizenkörner waschen und in die Sauce geben. Inzwischen die Topinamburknollen waschen, bürsten, hobeln und sofort unter die marinierten Körner mischen. Apfel, Paprika, Tomaten und Zwiebeln in kleine Würfel schneiden, alle Zutaten zusammen vermengen, zugedeckt in den Kühlschrank stellen und ½ Std. durchziehen lassen, anschließend mit frischen Kräutern garnieren.

Endiviensalat mit Topinambur

- 1 kleiner Kopf Endiviensalat
- 5 frische Champignons
- 1–2 Topinamburknollen (ca. 150 g)
- 1 Zitrone
- 2 EL kalt gepresstes Öl
- Kräutersalz
- frisch gemahlener Pfeffer
- 1 Prise Zucker
- Schnittlauch und andere Salatkräuter je nach Jahreszeit

Salatmarinade herstellen aus Zitronensaft, Öl, Salz, Pfeffer und Zucker.
Topinambur waschen und gleich in die Marinade raspeln, um ein Verfärben zu verhindern. Dann den Endiviensalat waschen, in Streifen schneiden. Champignons in dünne Scheiben schneiden. Alle Zutaten gut vermischen, kurz durchziehen lassen und mit frischen Kräutern bestreuen.

Topinambur-Krauttopf

- 500 g Topinambur (gewürfelt)
- 500 g Sauerkraut
- 2 Zwiebeln (gehackt)
- 1 TL gemahlener Kümmel
- 3 EL Öl
- 3–4 EL Schmand
- frisch gemahlener Pfeffer
- Salz nur nach Bedarf

Zwiebelwürfel in Öl glasig dünsten, Sauerkraut, Topinamburwürfel und evtl. etwas Sauerkrautsaft dazugeben, mit Kümmel würzen.
Das Gericht 20–30 Min. bei mäßiger Hitze dünsten, es soll noch knackig sein. Zum Schluss den Schmand dazugeben und mit Pfeffer und evtl. Salz abschmecken.

Beilage: Pellkartoffeln.

Topinambur in Butter geschwenkt

- 500 g Topinambur
- 400 g Knollensellerie
- 3/4 l Gemüsebrühe
- 2 EL Zitronensaft
- Kräutersalz
- 50 g Butter
- 1 Bund Petersilie

Topinambur und Sellerie unter fließendem Wasser sauber bürsten. Sellerie dünn schälen, beides in fingerdicke Streifen schneiden. Gemüsebrühe und Zitronensaft aufkochen, Sellerie und Topinambur hineingeben, 5–15 Min. nicht zu weich kochen. Die Brühe abseihen (evtl. für Suppe oder Soße verwenden), warme Topinambur-Selleriestreifen in zerlassener Butter schwenken. Mit gehackter Petersilie servieren.

200 g Grünkernschrot (mittelfein)
3/4 l Gemüsebrühe
1 Lorbeerblatt
2 Eier
1 Zwiebel
1 Knoblauchzehe
100 g geraspelte Topinambur
Salz, Pfeffer
1 TL Paprikapulver
1/2 TL Kurkuma
1 EL getrockneter Majoran
2–3 EL frische Kräuter der Jahreszeit
Semmelbrösel
Öl zum Ausbacken

Topinambur-Grünkern-Bratlinge

ergibt ca. 20 Stück

Den Grünkernschrot mit Lorbeer und der kalten Gemüsebrühe in einem Topf erhitzen, dabei umrühren, damit nichts anbrennt. Dann auf kleinster Kochstufe 30 Minuten quellen lassen, dann abkühlen lassen.
Zwiebel schneiden und Knoblauch auspressen. Kräuter waschen und fein schneiden. Eier, Zwiebel, Knoblauch, Kräuter und geraspelte Topinambur in die Grünkernmasse einarbeiten, mit Salz, Pfeffer, Paprikapulver und Kurkuma gut abschmecken.
Aus dem Teig mit nassen Händen kleine Bratlinge formen, in Semmelbrösel wenden und im heißen Öl ausbacken.

Beilage: Frischer Blattsalat oder Kartoffelsalat.

Tipp:
Übrig gebliebene Bratlinge schmecken auch kalt sehr gut.

Die Kartoffel –

vielseitig kulinarisch

Die Kartoffel, hierzulande auch Erdapfel genannt, gehört zu den wichtigsten Grundnahrungsmitteln und ist in der Oberpfalz besonders beliebt. Knödel und andere herzhafte Leibspeisen zeugen davon. Das war nicht immer so! Als spanische Seefahrer die Kartoffel im 16. Jahrhundert aus Südamerika nach Europa brachten, wurde sie wie eine exotische Zierpflanze betrachtet und in botanischen Gärten angepflanzt. Erst ein Dekret des Preußenkönigs Friedrich II. setzte den Kartoffelanbau 200 Jahre später durch, seitdem haben Kartoffeln die Menschen besonders in Kriegszeiten vor dem Hungertod bewahrt. Die Kartoffel eignet sich in besonderer Weise als Grundnahrungsmittel, denn sie ist preisgünstig, lange lagerbar und sehr variabel in der Zubereitung. Inzwischen hat die Ernährungswissenschaft auch den hohen gesundheitlichen Wert entdeckt und das Vorurteil, die Kartoffel sei ein „Dickmacher", widerlegt, denn sie hat nur 68 kcal pro 100 g. Es kommt natürlich auf die Zubereitungsart an, Pommes frites enthalten z. B. 264 kcal pro 100 g und Kartoffelchips sogar 539 kcal.

Die bescheidene Knolle enthält wertvolles pflanzliches Eiweiß, Vitamin C, die Vitamine der B-Gruppe, Spurenelemente, Mineralstoffe und vor allem viel Kalium, 443 mg/100 g. Kartoffeln haben eine entwässernde Wirkung, neutralisieren überschüssige Magensäure und beugen Sodbrennen vor. Die Vitamine und Mineralstoffe bleiben weitgehend erhalten, wenn man die Kartoffeln mit der Schale kocht. Eine einfache kalorienarme Kartoffelbeilage wird leider nur noch selten in der Gastronomie angeboten, dafür die kalorienreichen Varianten: Bratkartoffeln, Kroketten und Pommes frites.

2 mittelgroße Kartoffeln

1 Ei

1 1/4 l Gemüsebrühe

Salz

Majoran

Schnittlauch oder Petersilie und Bohnenkraut

Geriebene Kartoffel-Suppe

Die rohen Kartoffeln waschen, schälen und fein reiben, mit frischem Ei und Salz mischen, in die gut abgeschmeckte kochende Brühe rühren.
Die Suppe 5–10 Min. kochen lassen, gelegentlich umrühren und aufpassen, dass sie nicht überkocht. Zum Schluss mit frischen gehackten Kräutern abschmecken.
Falls kein frischer Majoran vorhanden ist, kann auch getrockneter Majoran genommen werden. Diese Suppe ist sehr magenbekömmlich, leicht verdaulich, schnell zubereitet und sehr preiswert.

pro Person:

3–4 mittelgroße Kartoffeln frisch von der neuen Ernte

Kümmel nach Bedarf

frischer oder getrockneter Majoran

etwas Öl

Ofen-Kartoffeln mit Kümmel und Majoran

Kartoffeln gut waschen, abbürsten, abtrocknen und halbieren. Die Schalenseite der Kartoffeln kreuzweise einschneiden, mit Öl bepinseln und mit Kümmel bestreuen. Ein Backblech einölen und die Kartoffeln mit der Schnittfläche nach unten auf das geölte Backblech legen. Die Kartoffel-Hälften im vorgeheizten Ofen bei Mittelhitze ca. 20–30 Min. backen, bis sie knusprig sind. Danach werden sie – falls vorhanden – mit frischem Majoran bestreut.
Die Ofenkartoffeln werden mit der knusprigen Schale gegessen.

Hinweis:
Kümmel-Kartoffeln schmecken sehr gut zu Quarkgerichten, Salaten und Rohkost.

1 1/2 kg Pell- oder Salzkartoffeln

300 g gekochter Schinken

4 Stangen Porree

1/4 l süße Sahne

1 Becher Crème fraîche

2 frische Eier

1 EL Mehl

Salz, Pfeffer, Knoblauch

Kartoffel-Schinkenauflauf mit Porree

Kartoffeln, Porree, gekochten Schinken fein schneiden und in eine Auflaufform schichten. Sahne, Crème fraîche und Eier verrühren und mit Salz, Pfeffer und Knoblauch würzen und über die Kartoffeln gießen. 1 Stunde bei 170 °C backen.

Dazu passt frischer Blattsalat.

Kartoffeln mit Käse-Kräuterhaube

1 kg Kartoffeln, mittelgroß, vorwiegend festkochend

100 g Emmentaler, gerieben

100 g Schinkenwürfel

2 Knoblauchzehen

1 Bund Dost oder Majoran

je 1 paar Zweige Thymian und Basilikum

5 EL Sonnenblumenöl

Kräutersalz und Pfeffer aus der Mühle

1 Bund Schnittlauch zum Garnieren

Kartoffeln waschen und abbürsten. Die Kartoffeln in der Schale knapp gar kochen. Inzwischen die Kräuter waschen, abtupfen und fein hacken, den Knoblauch auspressen, mit geriebenem Käse, Schinkenwürfel und Öl vermengen, bis eine geschmeidige Masse entsteht. Das Ganze mit Salz und Pfeffer abschmecken.
Die gekochten Kartoffeln halbieren und die Kräuter-Käsemasse auf die Schnittfläche streichen.
Die Kartoffelhälften in eine gefettete Bratraine setzen und im vorgeheizten Backofen bei 200 °C ca. 10 Min. überbacken. Heiß servieren und mit Schnittlauchröllchen garnieren.

Beilagen: Blattsalate.

Kräuter-Kartoffel-Küchle

750 g Kartoffeln

100 g Mehl

1 Ei

1 Zwiebel

Salz

100 g Majoran

100 g gekochter Schinken bzw. Schinkenreste

4–5 EL fein gewiegte Kräuter, z.B. Petersilie, Majoran, Basilikum, Bohnenkraut

Kartoffeln mit Schale kochen, heiß schälen und durchpressen, abkühlen lassen.
Ein Teil des Mehls und Salz über die Kartoffeln streuen und mischen. Das verschlagene Ei mit der Gabel untermengen. Nach Bedarf das restliche Mehl dazugeben.
Schinken und Zwiebel zerkleinern und mit den fein gewiegten Kräutern unter den Kartoffelteig mischen, abschmecken.
Aus der Teigmasse eine Rolle formen, fingerbreite Scheiben abschneiden, in Mehl wenden und in heißem Fett beidseitig goldgelb backen.

Als Beilage eignet sich Blattsalat oder Gemüse.

Dezember Januar

Winter

Verführerische Düfte und bunte Salate

Von den Schätzen des Herbstes können wir im Winter lange zehren. Aus Äpfeln, Quitten und Nüssen lassen sich viele Köstlichkeiten kreieren, die an langen Winterabenden Atmosphäre, Duft und Gemütlichkeit verbreiten. Wer freut sich nicht über einen knusprigen Bratapfel oder Quittenbrot-Konfekt zum Hollerlikör wie zu Großmutters Zeiten?
Wer es herzhaft mag, kann sich mit frisch zubereiteten Wintersalaten aus gelben und roten Rüben, Sellerie, Schwarzwurzeln, Lauch, Zwiebeln oder Kohl viel gesunde Abwechslung auf den Tisch bringen. Da fällt der Verzicht auf Treibhaus-Kopfsalat leicht. Ergänzen kann man die Speisen mit Vitaminen von der Fensterbank. Das heimische Wintergemüse versorgt uns bestens mit wertvollen Vitaminen, Mineral- und Ballaststoffen. Besonders wichtig sind die sekundären Pflanzenstoffe, denn sie stehen für Farbe, typischen Geschmack und Geruch von Gemüse und Obst. Sie stärken unser Immunsystem, wirken entzündungshemmend, antibakteriell und schützen unseren Körper. „Bunt“ essen ist also nicht nur schön, sondern auch gesund.

Februar

Äpfel – unser Lieblingsobst

Äpfel sind das meistgegessene und beliebteste Obst in unserem Land. Die Wildobstformen unserer knackigen Früchte kamen vor Jahrtausenden aus dem Kaukasus nach Mitteleuropa. Vom wilden Holzapfel bis zu den aromatischen Tafeläpfeln war ein langer Weg. Heute gibt es unzählige Kultursorten, die den jeweiligen Klimaverhältnissen angepasst sind. Diese Sortenvielfalt unterscheidet sich nicht nur im Aroma und Aussehen, sondern auch im Saft-, Zucker-, Säure- und Vitamingehalt. Kaum ein anderes Obst kann so verschieden im Geschmack sein wie der Apfel, der von lieblich-süß bis herb-säuerlich variiert. Äpfel sind wertvoll für eine gesunde Ernährung: Der Apfel ist kalorienarm (50 kcal/100 g) und besteht zu 85 Prozent aus Wasser, er ist daher auch ein schneller Durstlöscher. Außerdem ist er reich an Mineralstoffen, besonders an Kalium. Kalium reguliert den Wasserhaushalt im Körper und wird für die Muskeltätigkeit benötigt.

Das Pektin im Apfel hat eine positive Wirkung auf den Blutfettspiegel und hilft, das LDL-Cholesterin abzubauen. Pektin ist ein Quellstoff, der im Darm Fett bindet. In der Volksmedizin werden Äpfel als „Besen für den Körper" bezeichnet, denn sie reinigen den Körper von Zellstoffgiften. Äpfel helfen auch bei Gewichtsproblemen, sie vermindern Heißhunger-Attacken und verringern das Hungergefühl. Sehr wertvoll sind die Ballaststoffe in der Schale, sie sorgen für eine geregelte Verdauung und unter der Schale sitzen auch die meisten Vitamine und Mineralstoffe. Der Apfel ist besonders in den Wintermonaten ein gesunder Genuss und lässt sich vielseitig verwenden.

Bratapfel mit Knusperfüllung

4 säuerliche Äpfel (Boskop)
3 EL Rosinen
3 EL Rum
4 EL zarte Haferflocken
1 EL gehackte Mandeln
3 EL brauner Zucker
1/2 TL Zimt
1 TL Vanillezucker
2–3 EL süße Sahne
Butter

Rosinen waschen, trocken tupfen und eine halbe Stunde in Rum einlegen. 1 EL Butter in einer Pfanne schmelzen lassen. Haferflocken, Mandeln und Zucker dazugeben, umrühren, leicht anrösten. Abkühlen lassen, dann Rum-Rosinen, Vanillezucker, Zimt und Sahne unterrühren. Äpfel waschen, abtrocknen, Kerngehäuse ausstechen und die Äpfel in eine gebutterte Auflaufform setzen. Äpfel mit Knuspermischung füllen. Was übrig bleibt, auf dem Boden der Auflaufform verteilen. Äpfel mit Butterflöckchen belegen und im vorgeheizten Backofen bei 200 °C ca. 30 Min. braten.
Vor dem Servieren mit Puderzucker und Zimt bestäuben.

Tipps:
Dazu passt Vanillesoße oder Eierlikör, man kann die heißen Bratäpfel auch flambieren.
Wer keinen Rum zur Füllung verwenden möchte, kann die Rosinen auch mit Zitronensaft anfeuchten.

Hinweis:
Bratäpfel sind ein Gericht aus Großmutters Zeiten und verbreiten durch ihren Duft an kalten Winterabenden eine gemütliche Atmosphäre im Haus.

Apfel-Schinken-Brotaufstrich mit Kräutern

1 kg Äpfel (kann auch Fallobst sein)
100 g durchwachsener, geräucherter Schinkenspeck
1–2 Zwiebeln (gehackt)
Beifuß
Majoran
Thymian (getrocknet)
Salz und Pfeffer

Äpfel schälen und schneiden. Den gewürfelten Schinkenspeck in der Pfanne anbraten, die gehackten Zwiebeln dazugeben, andünsten. Die geschnittenen Äpfel unterrühren, zudecken, 5–10 Min. garen lassen, ab und zu umwenden. Mit Beifuß, Majoran, Thymian, Salz und Pfeffer abschmecken, zerstampfen. Dieser pikante Brotaufstrich kann warm oder kalt auf Graubrot oder Vollkornbrot gegessen werden.

Feuriger Apfelpunsch

1 l Apfelwein
50 g Zucker
6 Gewürznelken
1/2 TL Pimentkörner
1 Zimtstange
1/4 TL Muskatnuss, gemahlen

Den Apfelwein mit dem Zucker und allen Gewürzen in einem Topf erhitzen und 10–15 Min. ziehen lassen, nicht kochen! Mit dem Schaumlöffel Gewürze herausholen und heiß servieren.

Apfelcreme

500 g gezuckertes Apfelmus
Saft einer Zitrone
2 Eigelb
50 g Zucker
4 Blatt weiße Gelatine
2 Eischnee

Eigelb und Zucker schaumig rühren. Apfelmus zugeben und aufgelöste Gelatine unterrühren. Die Speise kühl stellen. Wenn sie anfängt steif zu werden, den geschlagenen Eischnee unterheben und nochmal kühl stellen.

Tipp:
Die Apfelcreme kann vor dem Servieren mit essbaren Blüten (z. B. Rosenblüten, Borretsch) verziert werden.

Apfelsalat mit Datteln

4 mittelgroße Äpfel (ungespritzt)
Saft einer Zitrone
Saft einer Apfelsine
100 g entkernte Datteln
½ Becher Naturjoghurt (75 g)
Zucker nach Geschmack
½ TL Zimtpulver

Äpfel waschen, abtrocknen, in feine Scheiben schneiden und mit Zitronensaft beträufeln. Datteln in feine Streifen schneiden und mit Apfelscheiben mischen. Soße rühren aus Joghurt, Apfelsinensaft, Zucker und Zimt, über die Früchte gießen und mischen. Den Apfelsalat zugedeckt durchziehen lassen.

Apfel-Wein-Suppe

4 säuerliche Äpfel
70 g Zucker
½ Zimtstange
1 Zitrone (ungespritzt)
2 TL Speisestärke
1 Eigelb
¼ l Weißwein
½ l Wasser
Suppenmakronen

Äpfel waschen, schälen, Kerngehäuse entfernen und in Spalten schneiden. ½ l Wasser mit Zucker, Zimtstange und abgeriebener Zitronenschale aufkochen und Apfelspalten darin 5 Min. leise kochen lassen (dürfen nicht zerfallen), dann mit Schaumlöffel aus dem Topf nehmen. Stärkemehl mit etwas kaltem Wasser anrühren, das Eigelb darin verquirlen. Unter Rühren in die heiße Flüssigkeit geben, aufkochen und Zitronensaft und Wein zugießen, erhitzen. Zimtstange entfernen und die Apfelspalten einlegen. Die heiße Suppe abschmecken und in Tassen mit Suppenmakronen anrichten.

Hausmittel

Roh geriebener Apfel mehrfach am Tag gegessen hilft bei Durchfall.

Apfelkuchen saftig-aromatisch

600 g Äpfel
Saft einer Zitrone
40 g Butter
50 g Zucker
50 g Rosinen
50 g gehobelte Mandeln
1 Prise Zimt

Für Rührteig:
150 g Butter
100 g Zucker
3 Eier
125 g Haferflocken (fein)
75 g Mehl (Type 1050)
1 Päckchen Vanillezucker
1 TL Backpulver
1 Prise Salz

Füllung:
Äpfel waschen, schälen, zerkleinern und mit Zitronensaft beträufeln, weich dünsten und abkühlen lassen. Butter, Zucker, Zimt, Rosinen und Mandeln untermischen.

Rührteig:
Butter mit Zucker und Eiern schaumig rühren. Vanillezucker, Mehl, Backpulver und die Haferflocken unterrühren.
¾ des Teigs in eine gefettete Springform füllen. Die Apfelfüllung darauf verteilen und vom Rest des Teigs kleine Häufchen auf die Füllung setzen. Im Backofen auf der mittleren Schiene bei 190 °C 50 – 60 Min. backen. Der Kuchen kann mit Puderzucker bestreut oder mit einer Zitronenglasur verziert werden.

Apfelringe mit Zimtzucker

500 g Äpfel
Saft von 1 Zitrone
½ TL Zimtpulver
200 g Weizenmehl (Type 1050)
2 frische Eier
125 ml Milch
2 TL Pflanzenöl
1 Prise Salz
Zimtzucker zum Bestreuen
Butterschmalz oder Öl zum Ausbacken
Preiselbeerkompott zum Garnieren

Aus Mehl, Milch, Eiern, Zucker, Zimt, 2 TL Öl und Salz einen zähflüssigen Teig herstellen und 20 Min. ziehen lassen. Äpfel dünn schälen, in 1 cm dicke Ringe schneiden und mit Zitronensaft beträufeln. Die Apfelringe mit einer Gabel in den Teig tauchen und im schwimmenden Fett goldgelb backen, anschließend in einer Mischung aus Zimt und Zucker wenden. Heiß servieren und mit einem Klecks Preiselbeerkompott garnieren.

Tipp:
Auch Vanillesoße kann dazu gereicht werden.

Brauchtum: „Liebesapfel"

Im Mittelalter überreichten Ritter der Dame ihres Herzens gerne einen Apfel statt Blumen. Die karamellisierten roten Liebesäpfel auf den heutigen Jahrmärkten erinnern noch an diesen alten Brauch.

1 kg Äpfel
200 g Zucker
1 EL Kakao
2 EL Rum
1 Päckchen Lebkuchengewürz
200 g gehackte Nüsse
100 g geschnittene Datteln
100 g geschnittene Feigen
200 g Rosinen
550 g Vollkornmehl
1½ Päckchen Backpulver
50 g Zitronat, gehackt
50 g Orangeat, gehackt

Weihnachtliches Apfelbrot

Die Äpfel grob raspeln und mit den Zutaten, außer Mehl und Backpulver, mischen. In einem geschlossenen Gefäß über Nacht durchziehen lassen. Am nächsten Tag Mehl und Backpulver zugeben, alles gut durchkneten und in 2 gefettete Kastenformen füllen. Backzeit 90 Min. bei 190 °C.
Nach dem Abkühlen gut durchziehen lassen und in Folie einpacken.

Schönheitstipp: Apfel-Ei-Maske

Einen leicht säuerlichen Apfel schälen, fein reiben und mit einem Eigelb verrühren. Auf das gereinigte Gesicht auftragen und 10 Min. einwirken lassen. Danach mit lauwarmem Wasser abwaschen.
Die Apfelsäure in der Maske hat eine erfrischende und straffende Wirkung auf die Haut.

Texte und Sprüche:

„Zu fällen einen schönen Baum, braucht 's eine halbe Stunde kaum. Zu wachsen, bis man ihn bewundert, braucht er, bedenk' es, ein Jahrhundert." — *Eugen Roth*

„Wenn ich wüsste, dass morgen die Welt unterginge, würde ich heute noch ein Apfelbäumchen pflanzen." — *Martin Luther*

„Ein fauler Apfel verdirbt den ganzen Korb." — *Sprichwort*

Quitten – das vergessene Gold

Die goldenen Früchte des Quittenbaumes konnten früher in vielen Bauerngärten geerntet werden. Leider sind sie ein wenig in Vergessenheit geraten.
Quitten wurden schon vor 4000 Jahren kultiviert und gehören zu den ältesten Kernobstsorten. Ihre Früchte sind reich an Vitaminen, Fruchtsäuren und Gerbstoffen (Tannin). Sie wirken wegen des hohen Gerbstoffgehaltes entzündungshemmend und adstringierend, darum kann man sie auch nicht roh essen, aber durchs Kochen werden die Gerbstoffe reduziert. Quitten erntet man im Spätherbst, wenn sie gut ausgereift sind. Legt man ein paar Quitten in die warme Stube, verzaubern sie uns mit ihrem feinen Duft. Bis zu 10 Wochen können sie kühl gelagert werden und eignen sich zur Herstellung von Saft, Mus, Gelee, Likör und Quittenbrot, ein traditionelles Weihnachtskonfekt.

Quitten entsaften
Quitten mit einem Tuch gut abreiben, um den Filz zu entfernen. Waschen, Kerngehäuse entfernen, mit Schale in kleine Stücke schneiden und knapp mit Wasser bedeckt weich kochen (Dampfdrucktopf). Den Saft durch ein Sieb ablaufen lassen. Den Quittensaft für Gelee-Zubereitung verwenden! Die Fruchtstücke durch ein Sieb (Flotte Lotte) streichen. Aus dem Fruchtmark Marmelade oder Quittenbrot herstellen.

Quitten-Gelee

3/4 l Quittensaft
1 kg Gelierzucker
1 Vanillestange

Den Quittensaft mit Vanilleschote und Gelierzucker kalt verrühren. Zum Kochen bringen. 4 Min sprudelnd kochen. Vanilleschote entfernen. Das Gelee heiß in saubere Twist-Off-Gläser füllen. Sofort verschließen.

> **Tipp:**
> *Die Vanilleschote kann öfter verwendet werden (abwaschen und trocknen)!*

Quitten-Holunder-Gelee

1/2 l Quittensaft
1/4 l Holundersaft (statt Holundersaft kann auch Schlehensaft genommen werden)
1 kg Gelierzucker

Zubereitung siehe Quittengelee.

Quittenbrot

500 g Quittenmus (Rückstände der Geleezubereitung)
500 g Gelierzucker 1:1
1/2 TL Kardamom, gemahlen
grober Kristallzucker
Vanillezucker

Das kalte Quittenmus mit Gelierzucker und Kardamom verrühren. Unter Rühren zum Kochen bringen (aufpassen, brennt leicht an!). 4 Min. unter ständigem Rühren kochen. Auf ein Blech Pergamentpapier legen, mit Öl leicht einpinseln. Das Quittenmus ca. 1 cm dick aufstreichen. Mehrere Tage in der Luft (nicht im Ofen!) trocknen. Dann in Rauten oder Streifen schneiden. Zucker mit Vanillezucker mischen. Das geschnittene Quittenbrot darin wälzen und einige Tage nachtrocknen lassen. In Blechdosen aufbewahren. Hält sich mehrere Monate.
Eignet sich gut für eine Gebäckmischung mit Plätzchen.

500 g Quitten
500 g Einmachzucker
125 ml Wasser
Saft und Schale einer ungespritzten Zitrone
50 g Sultaninen
125 ml Weinbrand

Quitten in Weinbrand-Sirup

Die Quitten gut abreiben, waschen, schälen, vierteln. Das Kerngehäuse entfernen. Die Quittenviertel in feine Scheiben schneiden. Zucker mit Wasser, Zitronensaft und Zitronenschale aufkochen und 5 Min. kochen. Quittenscheiben dazugeben, wieder 5 Min. kochen. Die gewaschenen Sultaninen dazugeben, nochmals 5 Min. bei schwacher Hitze kochen lassen. Nach dem Abkühlen den Weinbrand unterrühren, in saubere Gläser füllen und verschließen. Passt zum Garnieren von Desserts, z. B. Pudding, Eis usw.

500 – 600 g Quitten
0,7 l Wodka
1 ungespritzte Zitrone
200 g Kandiszucker

Quittenlikör (aufgesetzter)

Quittenflaum mit einem weichen Tuch abreiben. Quitten waschen und mit Schale in kleine Stücke schneiden. Zitrone heiß waschen, abtrocknen, Schale mit einem Messer oder Sparschäler abschälen. Wodka, Kandis und Zitronenschale in eine Weithalsflasche füllen. Auf die warme Fensterbank stellen, täglich schütteln. Nach 6 – 8 Wochen den fertigen Likör abseihen und in Flaschen füllen.

1 kg Quittenmus
1 kg Gelierzucker (1:1)
Saft einer Zitrone
2 Kardamomkapseln

Quitten-Marmelade

Quittenmus und Gelierzucker in einen Topf geben und mit Zitronensaft mischen. Kardamomsamen aus den Kapseln nehmen, mit dem Mörser fein zerstoßen und unter die Fruchtmasse geben. Alles zum Kochen bringen, dabei gut umrühren, damit nichts anbrennt. Nach Packungsanleitung kochen. Sofort heiß in Twist-Off-Gläser füllen, verschließen und beschriften.

Hinweis:
Quitten-Marmelade enthält die wertvollen Pektine.

½ l Quittensaft
½ l Korn (38 %)
200 g weißer Kandis
10 ganze Mandeln
10 g Koriandersamen (gestoßen)

Weihnachts-Quitten-Likör

Quittensaft mit dem Korn mischen. In eine große Weithalsflasche Kandis, Mandeln und Koriander geben. Quittensaft und Korn darübergießen und gut verschließen. Den Ansatz täglich einmal schütteln. Nach 6–8 Wochen absieben, in Flaschen füllen und noch einige Wochen stehen lassen.

200 g Kürbis, gewürfelt
200 g Quitten, gewürfelt
1–2 Möhren, gewürfelt
1 Zwiebel, gewürfelt
1 EL Ingwer, gewürfelt
1 l Gemüsebrühe
125 ml Weißwein
2 TL Butter
½ Becher Schmand
1 Sträußchen Dill
Salz, Pfeffer

Feine Quitten-Kürbissuppe

Zwiebel in Butter andünsten.
Die Kürbis-, Quitten-, Möhren- und Ingwerwürfel zugeben und kurz dünsten und mit Weißwein ablöschen. Die Gemüsebrühe zugeben und zugedeckt 10–15 Min. garen. Die Suppe pürieren und mit Salz und Pfeffer abschmecken. Schmand mit Schneebesen cremig schlagen. Suppe anrichten – jede Portion mit 1 Klecks Schmand und etwas Dill garnieren.

500 g Quittenmus
100 g Zucker
125 ml Weißwein
1 frische Chilischote
1 fingergroßes Stück frischer Ingwer
1 Zwiebel
5 Wacholderbeeren
1 Schuss Obstessig
1 Prise Salz

Quitten-Chutney mit Weißwein

Von der Chilischote die Kerne entfernen und fein hacken. Zwiebel und Ingwer schälen und würfeln. Quittenmus mit allen Zutaten in einen Topf geben und 10–15 Min. kochen, dabei gut umrühren. Abschmecken, heiß in saubere Twist-Off-Gläser füllen und sofort verschließen und beschriften. Eine pikante Beilage zu Braten und Fondue.

1 kg reife Quitten

250 g Zucker

1/4 l Weißwein

1/2 Zimtstange

Schale einer unbehandelten Zitrone

4–5 Gewürznelken

Quittenkompott

Die Quitten mit einem Tuch abreiben, schälen, entkernen und schneiden. Die Quitten mit Wasser aufsetzen. Wein, Zucker und Gewürze zugeben, die Früchte sollen bedeckt sein. Zugedeckt weich kochen. Das fertige Kompott kalt zu Tisch geben.

Tipp:
Kochen im Dampfdrucktopf verkürzt die Garzeit auf 10 Min.

Walnüsse – kleine Kraftpakete

Der Walnussbaum ist seit Jahrtausenden in Asien und Europa verbreitet. Da er im milden Klima gut gedeiht, wächst er bevorzugt in Weinbaugebieten. Ein Baum kann bis zu 150 Jahre alt werden und 100 kg Nüsse im Jahr tragen.

Die Walnuss zählt zu den Steinfrüchten. In der Weihnachtszeit sind Walnüsse besonders beliebt, sei es als Knabberzeug oder als Zutat für die Weihnachtsbäckerei. Spätestens ab dem Nikolaustag beginnt bei uns die Walnusssaison.

Die Walnuss ist ein kleines „Kraftpaket", 100 g Kerne enthalten 666 kcal und 15 g Eiweiß. Der Fettgehalt beträgt 65 %, ein sehr hochwertiges Pflanzenöl mit mehrfach ungesättigten Fettsäuren, die sich positiv auf das Herz-Kreislaufsystem auswirken. Auch der Vitamingehalt ist nicht zu unterschätzen, Walnüsse liefern Vitamin A, E und C sowie die Vitamine der B-Gruppe, ferner wertvolle Mineralstoffe, wie z. B. Phosphor, Kalium, Eisen, Fluor und die Spurenelemente Zink, Mangan und Kupfer. Als gute „Nervennahrung" fördern sie die Konzentrationsfähigkeit. 5 – 6 Nüsse kann man täglich essen. In der Küche verwendet man Nüsse für Müsli, Gebäck, Desserts und Salate.

Aus den Kernen gewonnenes Walnussöl ist eine Delikatesse und gibt Speisen einen besonderen Geschmack, insbesondere Nudelgerichten, es sollte allerdings sparsam dosiert werden. Wichtig ist, das Öl dunkel und kühl zu lagern und bald zu verbrauchen, da es schnell ranzig werden kann.

Walnuss-Ingwer-Konfekt

150 g Walnusskerne
100 g kandierter Ingwer
200 g Zartbitter-Kuvertüre
1 Prise Ingwerpulver

Die Walnusskerne und den kandierten Ingwer hacken. Die Kuvertüre im heißen Wasserbad auflösen, gehackte Walnüsse und Ingwer unter die aufgelöste Kuvertüre mischen und mit Ingwerpulver abschmecken. Ein Blech mit Alufolie auslegen, mit Teelöffel kleine Häufchen abstechen und auf die Folie legen. Kalt stellen. Wenn das Konfekt fest ist, abnehmen und luftdicht verpacken.
Kühl lagern und innerhalb von vier Wochen verbrauchen.

Tipp:
Statt Walnüsse können auch gehackte Mandeln genommen werden.

Orangen-Dessert mit gehackten Walnüssen

3 frische Eier
2–3 Orangen
5 Blatt weiße Gelatine
250 ml süße Sahne
100 g Zucker
¼ l Orangensaft
100 g gehackte Walnüsse
1 TL Puderzucker

Eier trennen, Eiweiß kalt stellen. Gelatine in einer Tasse mit kaltem Wasser einweichen. Eigelb mit Zucker und Orangensaft unter ständigem Rühren im Topf erhitzen, kurz aufwallen lassen, von der Kochstelle nehmen. Eingeweichte Gelatine ausdrücken, in die heiße Flüssigkeit rühren, bis sie aufgelöst ist. Die Creme kühl stellen, bis sie halb steif ist. Inzwischen Orangen schälen, in Scheiben schneiden. Eine Glasschüssel mit den Orangenscheiben auslegen. Eiweiß steif schlagen. Die Hälfte der Sahne ebenfalls steif schlagen. Eischnee und Schlagsahne locker unter die angesteifte Orangencreme heben. Die Creme in die mit Orangenscheiben ausgelegte Schüssel geben und die Schüssel kühl stellen, bis die Creme ganz steif ist. Vor dem Servieren den Rand der Speise mit einem Messer lösen und die Creme auf eine Platte stürzen. Die zweite Sahnehälfte steif schlagen und 1 TL Puderzucker dazugeben. Das Dessert mit Schlagsahne und gehackten Walnüssen garnieren.

Tipp:
Anstelle von Walnüssen können auch Pistazien verwendet werden.

Walnuss-Laiberl

3 Eier
300 g feiner Zucker
300 g frisch geriebene Walnusskerne
Saft und Schale einer halben ungespritzten Zitrone

Zum Backen:
Oblaten

Mit elektrischem Rührgerät sehr gute Schaummasse rühren aus ganzen Eiern, Zucker, Zitronensaft und abgeriebener Zitronenschale. Geriebene Walnusskerne locker unterheben. Kleine Häufchen mit zwei Teelöffeln auf die raue Seite gespaltener Oblaten setzen. Bei schwacher Mittelhitze (ca. 160 °C) hellbraun backen.

Walnuss-Ingwer-Herzen

etwa 60 Stück
125 g Walnusskerne
250 g Weizenmehl (Type 1050) oder Dinkelmehl
125 g Butter
100 g Zucker
2 Eigelb
½ TL gemahlener Ingwer
1 Prise Salz
abgeriebene Schale einer unbehandelten Zitrone

Für den Guss:
150 g Puderzucker
2 EL Orangensaft
1 EL Orangenlikör (nach Belieben)

Zur Dekoration:
Walnusshälften oder kandierter Ingwer

Walnusskerne fein mahlen. Mehl in Schüssel sieben und Butterflocken ins Mehl schneiden. Gemahlene Walnüsse, Zucker, Ingwer, Salz, Zitronenschale und Eigelb zugeben und einen glatten, geschmeidigen Teig kneten. Aus dem Teig eine Rolle formen, in Folie einschlagen und 1 Std. in den Kühlschrank legen. Den Teig aus dem Kühlschrank nehmen, kurz geschmeidig kneten und auf einer leicht bemehlten Arbeitsplatte ½ cm dünn ausrollen. Ist der Teig klebrig, eine Frischhaltefolie darauflegen und auswellen. Herzen ausstechen und auf ein mit Backpapier ausgelegtes Backblech setzen. Im vorgeheizten Ofen 10–12 Min. bei 180 °C backen. Gebäck sofort vom heißen Blech nehmen, sonst bricht es leicht.
Guss herstellen: Gesiebten Puderzucker mit Orangensaft und Orangenlikör glatt rühren. Gebäck bestreichen, mit Walnusshälften oder Ingwerstückchen garnieren.

Tipp:
Statt Zuckerguss kann auch Schokoladen-Kuvertüre verwendet werden.

200 g Mehl
150 g Butter
120 g Zucker
70 g gemahlene Walnüsse
abgeriebene Schale einer unbehandelten Zitrone
1 Prise Zimt
1 Prise Nelken
100 g Bitterschokoladen-Kuvertüre

Bärentatzen

Butter und Zucker schaumig rühren. Zitrone waschen, trocknen und abreiben. Mehl sieben und mit gemahlenen Walnüssen, geriebener Zitronenschale und Gewürzen zur Schaummasse geben. Alles zu einem geschmeidigen Teig kneten. Eine Teigrolle formen, in Klarsichtfolie einschlagen und kühl stellen.
Die Tatzenformen leicht einfetten. Den Teig in kleine Kugeln formen, in die Tatzenformen legen und flach drücken, so dass die Konturen ausgefüllt sind. Bei 180 °C goldgelb backen. Backzeit ca. 12–14 Minuten. Danach die Tatzen vorsichtig aus der Form heben und abkühlen lassen. Kuvertüre im warmen Wasserbad auflösen und ein Drittel der Tatzen vorne glasieren.

Tipp:
Statt Nüsse können auch geriebene Mandeln verwendet werden. Dazu passt der Bärenfang.

300 g Honig (Blütenhonig, flüssig)
½ l Wodka
½ Zimtstange
½ Vanilleschote
1 Gewürznelke

Bärenfang (Honiglikör)

Honig mit wenig Wodka leicht erwärmen, bis er sich aufgelöst hat. Übrigen Wodka und Gewürze zugeben. Likör in Weithalsflaschen füllen, verschließen. Bei Zimmertemperatur für 10 Tage stehen lassen, täglich einmal schütteln. Gewürze abseihen und den Likör in Flaschen füllen und nicht zu kalt aufbewahren.

500 g säuerliche Äpfel
1 mittelgroße Sellerieknolle
100 g Walnusskerne
125 ml süße Sahne oder Vollmilchjoghurt
1 Apfelsine
Saft einer Zitrone
Salz, weißer Pfeffer und Zucker zum Abschmecken
Salatblätter zum Anrichten

Waldorfsalat

Äpfel und Sellerieknolle waschen, schälen, grob raspeln und sofort mit Zitronensaft beträufeln. Apfelsine schälen, klein schneiden, mit Apfel und Sellerie mischen. Walnusskerne grob hacken, einige ganz lassen für die Garnitur. Sahne oder Joghurt mit 1 Prise Salz, Pfeffer und Zucker verrühren. Alle Zutaten mischen, noch mal abschmecken. Kühl stellen, durchziehen lassen, Salatblätter waschen, gut abtropfen lassen, auf Glasteller legen.
Waldorfsalat auf den Salatblättern anrichten und mit Walnusshälften garnieren.

Vitamine von der Fensterbank

Besonders in den Wintermonaten sind Sprossen und Keime eine sehr gute Nahrungsergänzung, sie sind knackig frisch und liefern wertvolle Vitalstoffe, man kann sie einfach aufs Brot streuen oder herzhafte Gerichte, Salate und Suppen damit würzen und verfeinern.

Keime und Sprossen sind ein Wunder der Natur. In jedem Saatkorn schlummern alle Nährstoffe, die zur Entstehung einer neuen Pflanze nötig sind. Durch Feuchtigkeit, Wärme und Licht bringen wir den Samen zum Keimen, dabei vermehren sich die Enzyme im Saatkorn sprunghaft und entwickeln unglaubliche Aktivitäten. Sie zerlegen das Eiweiß in Eiweißbausteine, verwandeln Stärke in Zucker, deshalb schmecken Getreidekeime süßlich. Gleichzeitig steigt der Vitamingehalt im Keimling um das Mehrfache, daher sind Sprossen ausgezeichnete Vitaminspender.

Fertige Sprossen und Keime kann man in guten Gemüseabteilungen kaufen, sie lassen sich aber auch einfach selbst herstellen, und es macht Spaß, die Winzlinge wachsen zu sehen.

Zum Keimen dürfen nur unbehandelte Samen aus dem Fachhandel verwendet werden, es eignen sich z. B. Kresse, Alfalfa, Rettich, Senfsaat. Auch Hülsenfrüchte wie Erbsen, Linsen, Kichererbsen, Sojabohnen und Mungbohnen gehören zu den „Klassikern", ebenso Weizen, Roggen oder Sprießkornhafer. Der Fachhandel liefert geeignete Keimgefäße mit Gebrauchsanleitung. Für den Hausgebrauch genügt schon ein großes Schraubglas.

So wird's gemacht

Schraubglas-Methode:

Zuerst 1–2 Esslöffel Samen im sauberen Wasser 4–5 Stunden einweichen, dann abseihen und die feuchte Keimsaat in das Schraubglas geben. In den Deckel des Glases 4–5 Löcher stanzen. Das Glas mit dem Deckel verschließen und auf einem Teller leicht schräg positionieren und an einen warmen Ort stellen (Temperatur 20 °C), aber keine direkte Sonneneinstrahlung, so entsteht eine feuchte „Keimkammer".

Den Samen aus hygienischen Gründen täglich ein- bis zweimal durchspülen, damit sich keine schädlichen Keime vermehren. Nach 3–5 Tagen kann geerntet werden. Vor dem Verzehr müssen die Sprossen gründlich gespült werden. Hülsenfrüchte kann man auch kurz blanchieren.

Schalenmethode:

Für kleine Samen wie Kresse, Alfalfa, Rettich und Senf eignet sich besser die Schalenmethode. Nach dem Einweichen werden die Samen auf einer Schale mit angefeuchtetem Küchenkrepp verteilt, es kann auch ein Teller verwendet werden. Da der Samen nicht austrocknen darf, deckt man ihn mit einer Glasschale ab und besprüht ihn täglich nach Bedarf mit einem Wasserzerstäuber. Das Gefäß soll hell, aber nicht im Sonnenlicht stehen.

Nach 6–8 Tagen können die zarten Pflänzchen geerntet werden. Vor dem Verzehr gut waschen!

Kresse-Eier-Quark

250 g Magerquark
3 Eier
1 Becher Sauerrahm (150 g)
2 TL mittelscharfer Senf
½ TL Paprikapulver
1 Kästchen Kresse
Salz und Pfeffer aus der Mühle

Eier hart kochen (ca. 8 Min.), kalt abschrecken, 1 Ei zurücklegen, 2 Eier mit der Gabel zerdrücken oder fein hacken, Quark, Sauerrahm und Senf glatt rühren und die zerkleinerten Eier untermengen. Kresse mit der Schere abschneiden, waschen und trocken tupfen, einige Sprossen zur Seite legen. Die übrige Kresse grob hacken und unter den Quark rühren. Alles mit Paprikapulver, Salz und Pfeffer würzen. In Schälchen anrichten. Das Ei in Scheiben schneiden. Mit Eischeiben und Kresse die Schälchen garnieren.

Tipp:
Dazu passt Vollkornbrot.

Delikate Kressebutter

250 g Butter
3–4 EL frische Kresse, gehackt
1 EL frische Petersilie, gehackt
Salz zum Abschmecken

Butter schaumig rühren, die fein gehackten Kräuter dazugeben und mit Salz abschmecken. Kalt stellen. Diese Kressebutter eignet sich als Brotaufstrich und passt auch gut zu gekochtem Fisch oder geräuchertem Forellenfilet.

Feine Kresse-Suppe

1 Schälchen frische Kresse
2 EL Mehl (Type 1050)
3 EL gutes Pflanzenöl
1 l Gemüsebrühe (auch Instantbrühe geeignet)
1 Zwiebel, fein gehackt
1 Messerspitze Kurkuma
2–3 EL saure Sahne
Salz und Pfeffer zum Abschmecken

Die gehackte Zwiebel in Öl glasig dünsten und mit Mehl bestäuben. Die kalte Gemüsebrühe mit dem Schneebesen einrühren, 5–10 Min. leicht kochen lassen, mit Salz, Pfeffer und Kurkuma abschmecken. Inzwischen die Kresse kalt abbrausen, mit der Küchenschere abschneiden und zerkleinern: Die Suppe vom Herd nehmen, saure Sahne und Kresse hineinrühren, sofort servieren. Nach Belieben mit in Butter gerösteten Toastbrotwürfeln anrichten.

2 Bund Radieschen
1 Schälchen Kresse
1 Zwiebel, gewürfelt
2–3 EL Essig
2 EL Rapsöl
1 Prise Zucker
Salz und Pfeffer

Radieschen-Kresse-Cocktail

Radieschen waschen, in Scheiben schneiden.
Die gewaschene und geschnittene Kresse mit den Radieschen in eine Schüssel geben.
Marinade herstellen aus Essig, Salz, Pfeffer, Zucker und Öl, mit Wasser verdünnen und mit Radieschen und Kresse mischen.
Nach Belieben mit hart gekochtem Ei garnieren.

Hinweis: Echte Brunnenkresse oder Gartenkresse?

Die wilde Brunnenkresse ist größer und schärfer als die Gartenkresse, sie gedeiht an Bachläufen und kann im zeitigen Frühjahr ab Februar geerntet werden. Sie ist eine Zeigerpflanze für sauberes Gewässer. Leider ist Brunnenkresse nur noch selten anzutreffen, denn sobald das Wasser verunreinigt ist, verschwindet die Pflanze.
Da Brunnenkresse rar geworden ist, und Gartenkresse jederzeit, auch im Winter auf der Fensterbank, ausgesät werden kann, ist sie eine gute Alternative zur „wilden Schwester“. Sie hat eine ähnliche Wirkung, nur in abgeschwächter Form.
Beide Kressearten sind reich an Vitamin C (z. B. 241 mg Vitamin C auf 100 g Frischgewicht). Im Vergleich dazu hat Kopfsalat nur 13 mg Vitamin C.
Die Kressearten gehören zur Familie der Kreuzblütler, neben Carotinoiden, Eisen, Schwefel, ätherischem Öl enthalten sie das typische Senfölglykosid. Für die Frühjahrskur sind diese Kressearten bestens geeignet, denn sie regen den Stoffwechsel an und stärken das Immunsystem.

Linsen –
Perlen der Vollwert-Ernährung

Früher galten Linsengerichte als „Arme-Leute-Essen". Heute schätzt man die Hülsenfrüchte auch in der Gourmetküche, sie sind als vollwertige vegane Nahrungsmittel gefragt, weil sie vor allem wertvolles pflanzliches Eiweiß liefern, 100 g Linsen enthalten 24 g Eiweiß und 17 g Ballaststoffe. Hinzu kommen Vitamin A, B1, B2, B6 und zusätzlich Kalium, Phosphor und Eisen. Weitere Vorteile: Sie sind preiswert, überall erhältlich und vielseitig verwendbar.

Linsen werden in verschiedenen Farben und Größen angeboten:
- Kleine Linsen (Zuckerlinsen)
- Mittellinsen
- Tellerlinsen
- Schwarze Linsen
- Rote Linsen (geschält) – zum Keimen nicht geeignet!

Zum Keimen eignet sich die Schraubglas-Methode (siehe Einleitungstext).

150 g Linsensprossen
400 g Möhren
2 Lauchzwiebeln
1 Tasse Gemüsebrühe
2 EL Olivenöl
2 TL Zitronensaft,
½ Bund Dill
1 TL gemahlener Kümmel
Cayennepfeffer
1 Becher saure Sahne
Salz

Linsen-Creme mit Möhren

Linsensprossen in ½ l Wasser 4–5 Min. bissfest kochen, abseihen und kalt abbrausen (das Wasser wird weggeschüttet). Die Möhren putzen, würfeln und in einer Tasse Gemüsebrühe weich dünsten. Lauchzwiebeln waschen und in dünne Streifen schneiden. Die Möhren aus der Gemüsebrühe heben und mit der Gabel zerdrücken. Olivenöl und Zitronensaft zugeben. Mit Salz, Cayennepfeffer und Kümmel gut abschmecken.
Saure Sahne cremig rühren, Dill waschen, hacken und mit Salz und Pfeffer in die Sahne geben.
Linsencreme in einer flachen Schüssel anrichten und mit Dillsahne garnieren.
Dazu passt rustikales Bauernbrot.

Tipp:
Für dieses Rezept 50 g Linsen 3 Tage vorher zum Keimen ansetzen. Zunächst 12 Std. in reichlich Wasser quellen lassen, abseihen und in ein Glas füllen. Täglich zweimal spülen. Fertige Keime können auch einige Tage im Kühlschrank aufbewahrt werden.

200 g Tellerlinsen
300 g rote Bete
1 rote Zwiebel
2 EL Sonnenblumenöl
2–3 EL Rotweinessig
1 EL gestoßener Kreuzkümmel
Salz
Pfeffer aus der Mühle
2 Äpfel
1 EL Butter
1–2 TL Honig

Lauwarmer Linsensprossen-Salat mit Roter Bete und Kreuzkümmel

Linsen 3 Tage keimen, täglich das Wasser wechseln und durchspülen. Rote Bete waschen, schälen, in feine Streifen schneiden, dann 5–7 Min. in Öl andünsten. Die abgetropften Linsensprossen zugeben und umrühren, 2–3 Min. mitdünsten, von der Kochplatte nehmen. Zwiebel schälen, würfeln und zum Salat geben. Den Salat mit Essig, Kreuzkümmel, Salz und Pfeffer abschmecken. Alles gut mischen und zugedeckt durchziehen lassen.
Äpfel waschen, vierteln, Kerngehäuse entfernen. Apfelstücke in Spalten schneiden. Butter in der Pfanne schmelzen lassen und Honig zugeben. Apfelspalten darin kurz braten bis sie goldgelb sind. Vorsichtig wenden, dürfen nicht zerfallen. Linsensalat mit den heißen Honig-Butter-Äpfeln anrichten.

Weizensprossen-Fenchelsalat

1 Fenchelknolle (ca. 600 g)
2 Orangen
2 mittelgroße Äpfel
1–2 Tassen Weizensprossen
2 Knoblauchzehen
4 EL Olivenöl, kaltgepresst
1–2 TL Senf
3–4 EL Apfelessig oder Zitronensaft
Salz und Pfeffer aus der Mühle

Die Fenchelknolle waschen und putzen, Stängelröhren und die zwei äußersten Blätter entfernen, die grünen Laubblättchen aufheben. Die Fenchelknolle senkrecht halbieren und quer zur Faser in sehr dünne Streifen schneiden. Die Äpfel schälen, Kernhaus entfernen, Äpfel würfeln. Orangen schälen, Fruchtfleisch würfeln. Weizensprossen spülen und mit Äpfeln und Orangen mischen. Knoblauchzehen schälen und durchpressen.

Soße herstellen:
Essig mit Senf, Knoblauch, Salz, Pfeffer und Olivenöl verrühren. Marinade über den Salat geben, abschmecken. Fenchelgrün fein hacken und über den Salat streuen.

Tipp:
Der Salat ist sehr erfrischend, mit Käse und Brot serviert gibt er ein vollwertiges Abendessen.

Hinweis:
Weizenkeime schmecken leicht süßlich, sie sind besonders reich an Vitamin C. Beim Keimen entwickeln die Wurzeln des Weizens einen feinen Flaum, das ist kein Schimmel! Weizen ist sehr einfach zu keimen. Wenn man die Sprossen erntet, sollten sie nicht länger sein als das Korn (ca. 1 cm).

Grüne Gemüsepfanne

200 g Mungbohnen-Sprossen (aus 40 g Samen gezogen)
3 Knoblauchzehen
2 TL frisch geriebener Ingwer
5 EL Sojasoße
6 EL trockener Sherry
3 EL Sesamöl
300 g Spitzkohl
1 kleine Zucchini
1 kleine Lauchstange
4 EL Olivenöl
1 EL Stärkemehl
Salz und Pfeffer aus der Mühle

Knoblauch schälen und hacken. Den Knoblauch mit geriebenem Ingwer, Sojasoße, Sherry und Sesamöl in einer Schüssel mischen und die gewaschenen Mungbohnen darin marinieren, gelegentlich umrühren. Inzwischen das Gemüse vorbereiten: Spitzkohl in feine Streifen schneiden. Zucchini halbieren und in Scheiben schneiden. Den Lauch in Ringe schneiden und Olivenöl in einer großen Pfanne erhitzen. Gemüse nach und nach zugeben, anbraten und umrühren. Die Marinade von den Mungbohnen abgießen und mit Stärkemehl verrühren. Sprossen zum Gemüse geben, ebenso das angerührte Stärkemehl. Kurz aufkochen, mit Salz und evtl. Sojasoße abschmecken. Dazu passt Reis.

Tipp:
Dieses Gericht kann auch gut im Wok zubereitet werden!

Champignon-Torte mit Sprossen

250 g Weizenmehl (Type 1050)
125 g Butter
4 Eier
150 g gemischte Sprossen (z. B. Alfalfa, Weizen, Mungbohnen)
500 g frische Champignons
1 Zwiebel
2 Knoblauchzehen
3 EL Rapsöl
1 Bund Petersilie
150 g Emmentaler Käse, gerieben
1 Becher saure Sahne (150 g)
Salz
Pfeffer
Paprika

Aus Mehl, Butter, Salz und einem Ei einen glatten Mürbteig kneten, kalt stellen. Füllung vorbereiten: Champignons putzen und in Scheiben schneiden. Zwiebel und Knoblauch schälen und fein würfeln. Die Sprossen kalt abbrausen und abtropfen lassen. Zwiebel und Knoblauch im heißen Öl anbraten. Champignons und Sprossen dazugeben, 5 Min. zugedeckt dünsten. Mit Salz und Pfeffer würzen, dann abkühlen lassen.
Petersilie waschen, hacken und mit 3 Eiern und saurer Sahne verrühren. Geriebenen Käse zugeben und mit Pfeffer, Salz und Paprika abschmecken.
Eine Springform (28 cm Durchmesser) mit Mürbteig auslegen und einen Rand (3 cm) hochziehen. Die Pilz-Sprossen-Mischung auf dem Boden verteilen und mit der vorbereiteten Käse-Ei-Sahne bedecken. Im vorgeheizten Backofen auf der Mittelschiene bei 180 °C 40–50 Minuten backen, bis die Käse-Ei-Sahne fest ist.

Tipp:
Dazu schmeckt ein frischer Blattsalat.

Die Zwiebel – Königin der Küche

Seit über 3000 Jahren wird die Zwiebel angebaut, in der Küche verwendet und therapeutisch genutzt, und durch ihre gute Lagerfähigkeit hat sie das ganze Jahr über Saison.

Das Zwiebelangebot ist vielfältig, es reicht von der zarten Frühlingszwiebel bis zur aromatischen Schalotte oder Luftzwiebel.

Die normale Speisezwiebel in den Farben weiß oder rot wird ganzjährig angeboten, unzählige Speisen können damit gewürzt werden.

Zwiebeln sind preiswert, vielseitig und gesund, sie gehören zur Familie der Liliengewächse und sind verwandt mit Knoblauch, Bärlauch, Schnittlauch und Porree. Diese Pflanzen enthalten schwefelhaltige Verbindungen mit antimikrobieller Wirkung. Die Inhaltsstoffe hemmen das Wachstum von Bakterien und Pilzen und gelten als „natürliches Antibiotikum".

Zwiebeln und Knoblauch schreibt man außerdem einen positiven Einfluss auf die Blutwerte und das Herz-Kreislaufsystem zu, denn sie verbessern die Fließfähigkeit des Blutes. Darüber hinaus wird die Zwiebel wegen ihrer bakterienhemmenden Eigenschaften als beliebtes Hausmittel gegen Erkältungskrankheiten eingesetzt.

Tipp: Zwiebel als Hausmittel

- Vorbeugende Wirkung: Täglich eine halbe rohe Zwiebel essen. Man kann Zwiebelscheiben aufs Wurst- oder Käsebrot legen oder unter den Salat mischen.
- Bei beginnender Erkältung eine scharfe, heiße Zwiebelsuppe essen, das regt die Durchblutung im Nasen-Rachen-Raum an und stärkt die körpereigenen Abwehrkräfte.

Zwiebelsirup bei Schnupfen und Erkältung

Zubereitung: 3 Zwiebeln hacken, 5 EL braunen Kandis und ¼ l Wasser zugeben, ein paar Minuten kochen, dann den Sud einige Stunden ziehen lassen und abseihen. Täglich 4 – 5 mal einen Esslöffel Zwiebelsirup einnehmen.

Zwiebel gegen Insektenstiche

Bei Insektenstichen eine frische halbe Zwiebel auf die Einstichstelle drücken. Sobald die Zwiebel trocken ist, erneut eine Scheibe abschneiden, damit frischer Zwiebelsaft auf die Einstichstelle kommt.

Brauchtum

Ostereier färben mit Zwiebelschalen, das ist ein alter Brauch, der nicht in Vergessenheit geraten sollte! Das natürliche Farbenspektrum reicht von goldgelb bis rotbraun (sog. Röteleier).

Wie wird's gemacht?

3 Handvoll Zwiebelschalen in 1 l Wasser aufkochen, 30 Min. ziehen lassen, abseihen. Die weißen gekochten Eier in das Farbbad legen und je nach Farbwunsch darin ziehen lassen. Während des Färbevorgangs vorsichtig wenden. Die gefärbten trockenen Eier mit einer Speckscheibe abreiben.

500 g Zwiebeln
3–4 EL Öl
1 l Gemüsebrühe
1/4 l Weißwein
1 TL getrockneter Majoran
Salz, Pfeffer aus der Mühle oder Tabasco-Soße

Heiße Zwiebelsuppe – pikant

Zwiebeln schälen, in feine Ringe schneiden und in Öl goldgelb andünsten. Majoran zugeben. Mit Gemüsebrühe und Wein aufgießen, 10–15 Min. leicht kochen lassen. Mit Salz, Pfeffer oder Tabasco pikant abschmecken, heiß servieren.

Tipp:
Nach Belieben kann die Suppe mit Käse-Toast überbacken werden.

375 g Weizenmehl (Type 1050)
125 ml Milch
1/2 Würfel Frischhefe
1 EL Zucker
1–2 EL Butter oder Margarine
1 EL Salz
Mehl zum Bearbeiten
Fett zum Bestreichen

Für den Belag:
1–2 EL Speiseöl
150 g durchwachsener geräucherter Schinkenspeck
750 g Zwiebeln
1 Stange Lauch
Salz und Pfeffer aus der Mühle
1 EL gemahlener Kümmel
1 Prise Muskat
1 Becher Sauerrahm
1 Ei
100 g geriebener Emmentaler

Zwiebelkuchen mit Schinken

Das Mehl in eine Schüssel sieben und eine Mulde eindrücken. Die handwarme Milch mit Hefe und den Zucker dazugeben, Mehl einrühren, 15 Minuten gehen lassen. Fett und Salz zu den Zutaten geben und zu einem Teig verarbeiten. An einem warmen Ort zur doppelten Menge aufgehen lassen. Den Teig dünn ausrollen und auf ein gefettetes Backblech legen. Das Fett erhitzen und den gewürfelten Speck darin auslassen. Die in Ringe geschnittenen Zwiebeln dazugeben und mitbraten. Den Lauch in Ringe schneiden, zu den Zwiebeln geben, mitbraten. Mit Salz, Pfeffer, Kümmel und Muskat würzen, von der Herdplatte nehmen, leicht erkalten lassen und auf dem Teig verteilen. Den Sauerrahm mit Ei und Käse vermischen, abschmecken, auf der Zwiebelmasse verteilen. Den Kuchen in den auf 200 °C vorgeheizten Backofen schieben und etwa 40–45 Minuten backen.
Dazu passt Bier, Wein oder Federweißer als Getränk.

Feiner Orangensalat mit Zwiebeln und Oliven

- 5 Orangen (mittelgroß und ohne Kerne)
- 2 rote Zwiebeln
- Saft einer Zitrone
- 4 EL Olivenöl
- 2 EL gehackte frische Minze
- 100 g schwarze entsteinte Oliven
- Salz und Pfeffer aus der Mühle
- für die Garnitur: frische Minzeblätter

Die Orangen schälen, weiße Haut entfernen und in dünne Scheiben schneiden. Die Zwiebeln schälen. Zwiebeln und Oliven in Ringe schneiden. Orangenscheiben, Zwiebel- und Olivenringe abwechselnd auf eine flache Glasplatte schichten. Über jede Schicht Zitronensaft und Olivenöl träufeln und gehackte Minze, Salz und Pfeffer streuen. Den Salat abdecken und eine Stunde kühl stellen. Vor dem Servieren mit Minzeblättern garnieren.
Der Salat ist sehr erfrischend, er eignet sich als Vorspeise oder für ein Büfett.

Zwiebel-Töpfchen

- 250 g Margarine
- 1 Becher (150 g) Schmand
- 3 Schalotten
- 2 Knoblauchzehen
- 1 EL Butter
- Salz und Pfeffer

Margarine mit Schmand cremig rühren. Schalotten und Knoblauch schälen, fein hacken, beides in heißer Butter leicht andünsten und zur Creme geben. Mit Salz und Pfeffer pikant abschmecken und rustikal anrichten. Das Zwiebel-Töpfchen ist beliebt als Brotaufstrich oder Dip.

Paprika-Käse mit Kresse und Zwiebel

- 200 g Frischkäse
- 2 EL Sauerrahm
- 1 kleine Paprikaschote (rot)
- 1 Zwiebel
- 1 Schälchen Kresse
- 1 EL eingelegte grüne Pfefferkörner aus dem Glas
- Salz und Pfeffer

Paprika waschen, halbieren, Stielansatz und Kerne entfernen und in kleine Würfel schneiden. Pfefferkörner abtropfen, grob hacken. Zwiebel schälen und fein schneiden. Kresse mit der Schere abschneiden (ein Sträußchen zum Garnieren weglegen), waschen, fein hacken. Frischkäse mit Sauerrahm cremig rühren. Alle Zutaten gut mischen und pikant abschmecken.
In einer Schale anrichten und mit Kresse garnieren.
Ein schmackhafter Brotaufstrich.

Handkäse mit Musik

200 g Harzer Käse
3 Frühlingszwiebeln
3 EL Kräuteressig
3 EL Wasser
3 EL Rapsöl
1 TL Kümmel
Pfeffer nach Geschmack

Harzer Käse und Frühlingszwiebeln in Scheiben schneiden. Aus den übrigen Zutaten ein Dressing anrichten, Käse und Zwiebeln darin marinieren und 1 Std. durchziehen lassen. Dazu schmeckt Bauernbrot und eine Halbe Bier.

Obatzter

400 g weicher Camembert
50 g weiche Butter
1–2 Zwiebeln
3 EL helles Bier
1 EL Paprikapulver (edelsüß)
1 TL gemahlener Kümmel
Salz und Pfeffer aus der Mühle
1 Bund Schnittlauch

Den Camembert in einer Schüssel mit der Gabel zerdrücken. Butter und Bier darunter mischen. Die Zwiebel schälen, ein paar Zwiebelringe abschneiden und zurücklegen, die restliche Zwiebel hacken und zum Camembert zugeben. Den Brotaufstrich mit Paprikapulver, Kümmel, Salz und Pfeffer würzig abschmecken. Die Zwiebelringe im Paprikapulver wälzen, den Schnittlauch waschen und in feine Röllchen schneiden. Den Obatzten auf einem Teller mit Zwiebelringen und Schnittlauch anrichten.
Dazu passt Bauernbrot und Bier.

Herzhaftes Zwiebelfleisch

400–500 g gegartes Fleisch
2–3 Zwiebeln
125 ml Fleischbrühe
2 EL Rapsöl
1 EL getrockneter Majoran
Paprikapulver
Kurkuma
Salz und Pfeffer aus der Mühle
1 Bund Petersilie

Das Fleisch in feine Streifen schneiden. Zwiebeln schälen und in halbe Ringe schneiden. Öl in der Pfanne erhitzen. Zwiebeln anbraten. Fleisch und Majoran zugeben, umrühren und mitdünsten. Fleischbrühe aufgießen und aufkochen lassen. Mit Salz, Paprikapulver, Kurkuma und Pfeffer herzhaft abschmecken. Petersilie waschen und schneiden und damit das Zwiebelfleisch garnieren.

Hinweis:
Zwiebelfleisch ist ein schmackhaftes Resteessen, dazu können gegarte Fleischreste verwendet werden.

Saure Bratwürste im Zwiebelsud

8 Bratwürste
3–4 Zwiebeln
1–5 EL Essig
2 Lorbeerblätter
4–5 Wacholderbeeren
6 Pfefferkörner
Salz nach Bedarf

Zwiebeln schälen und in Ringe schneiden. 1 l Wasser erhitzen, Zwiebelringe, Essig und Gewürze dazugeben, kochen, bis die Zwiebeln weich sind. Die Bratwürste waschen, in den Sud legen und bei schwacher Hitze 10–15 Min. ziehen lassen (nicht kochen), dann gut abschmecken.
Die sauren Bratwürste werden im heißen Sud mit den Zwiebelringen serviert. Man isst dazu herzhaftes Bauernbrot.

Anmerkung:
Saure Bratwürste sind in Franken und der westlichen Oberpfalz eine beliebte Wirtshaus-Brotzeit. In Franken nennt man sie auch „Saure Zipfel", dazu werden auch gerne die „Nürnberger Rostbratwürste" genommen. Variante: Sehr gut schmeckt das Gericht, wenn die Bratwürste kurz angebraten werden und dann erst in den Sud kommen.

4 frische Bratwürste
1/2 l Fleisch- oder Suppenbrühe
6 Blatt weiße Gelatine
2 frische Lorbeerblätter
4–5 Wacholderbeeren
2 Zwiebeln
2 gekochte Möhren
2 Gewürzgurken
1–2 hart gekochte Eier
Essig nach Geschmack
Salz, Pfeffer aus der Mühle
Öl zum Ausbacken
1 Tomate
3–4 frische Lorbeerblätter zum Garnieren

Bratwurstsülze mit frischem Lorbeer

Öl in der Pfanne erhitzen. Bratwürste trocken tupfen und in der Pfanne goldbraun braten. Aus der Pfanne nehmen und abkühlen lassen. Die Gelatine in einer halben Tasse mit kaltem Wasser quellen lassen. Zwiebeln schälen und in Ringe schneiden. Eier schälen. Eier, Möhren, Gewürzgurken in Scheiben schneiden. Brühe erhitzen. Lorbeerblätter, Wacholderbeeren zugeben. Kräftig abschmecken mit Essig, Salz und Pfeffer. Die gequollene Gelatine in wenig heißer Flüssigkeit auflösen und zur Sülzbrühe geben. Die ganzen Bratwürste mit Möhren, Gurken und Eischeiben auf eine Servierplatte legen oder in einer dekorativen Terrine arrangieren. Mit Zwiebelringen garnieren. Sülzbrühe mit Lorbeerblättern und Wacholderbeeren zugeben. Sülze kalt stellen, bis sie vollkommen erstarrt ist. Vor dem Anrichten mit Tomatenviertel und frischen Lorbeerblättern garnieren. Die Sülze ist erfrischend, dazu passen Vollkornbrot oder Bratkartoffeln.

Tipp:
So können auch übrig gebliebene Bratwürste von einem Grillfest zu einer attraktiven Brotzeit verarbeitet werden.

Aus der Erde auf den Teller:

Wurzeln und Knollen – heimisches Wintergemüse

Die Natur hat weise vorgesorgt, Gemüsewurzeln und -knollen sind als unterirdische Vorratsspeicher für die jeweilige Pflanze angelegt. Sie enthalten Kohlehydrate, Ballaststoffe, Eiweiß, reichlich Mineralstoffe, Vitamine und „sekundäre“ Pflanzenstoffe. Wurzel- und Knollengemüse kann im Winter gut gelagert werden, sei es wie früher in Erdmieten oder im Keller in Sand eingeschlagen.
Wer keinen eigenen Garten hat, muss nicht darauf verzichten, Gelbe Rüben, Rote Rüben, Sellerie, Schwarzwurzeln und mehr werden im Gemüsehandel reichlich angeboten. Sie gehören vor allem im Winter zu einer wichtigen und gesunden Nahrungsquelle, zumal diese Gemüsearten während der Vegetationsperiode unter natürlicher Sonneneinstrahlung im Freiland gewachsen sind, im Gegensatz zu der Treibhausware.

Gelbe Rüben – Der Augenschmaus

Je nach Gegend wird die Gelbe Rübe unterschiedlich bezeichnet. Schon die Römer nutzten dieses gesunde Nahrungsmittel. Wie kaum ein anderes Gemüse eignen sich Möhren für eine kalorienarme, leichte Ernährung. Sie enthalten viel Vitamin C und B-Vitamine sowie Mineralstoffe und Ballaststoffe.
Besonders wichtig sind die bioaktiven Substanzen wie z. B. Beta-Carotinoide (daher die gelb-orangene Farbe). Beta-Carotin ist eine Vorstufe von Vitamin A, es gilt als Schutzfaktor gegen Krebs, stärkt die Sehkraft der Augen und das Immunsystem. Möhren schmecken leicht süßlich und sind vielseitig verwendbar als Rohkost, Salat, Suppe, Mixgetränk, Gemüseeintopf oder Fingerfood.

Hausmittel:
Möhren-Diät-Suppe bei Magen-Darm-Verstimmung
Zubereitung: 500 g Möhren putzen, waschen und klein schneiden. Die zerkleinerten Möhren in 1 ¼ l Wasser weich kochen. Anschließend pürieren oder durch ein feines Sieb rühren und mit Kochsalz abschmecken. Die Möhrensuppe auf 5 – 6 kleine Portionen verteilt täglich essen. Bei länger anhaltenden Beschwerden muss ärztlicher Rat eingeholt werden.

Feuriger Möhrensalat mit Chili

- 1 kg Möhren
- 2 Zwiebeln
- 4–5 Knoblauchzehen
- 5 EL Olivenöl
- Saft von 2 Zitronen
- 1–2 Chilischoten
- 2 TL Paprikapulver
- Salz
- 1 Prise Zucker
- 1 Bund Petersilie

Möhren waschen, schälen und schräg in Scheiben schneiden. Zwiebeln schälen und würfeln. Knoblauch schälen und hacken. Chilischoten entkernen und klein schneiden. Petersilie waschen, trocken schütteln und hacken. Olivenöl in einer Pfanne erhitzen. Zwiebelwürfel, gehackten Knoblauch und Möhrenscheiben kurz anbraten. 100 ml Wasser, gehackte Chilischote und den Zitronensaft dazugeben und 10 Minuten zugedeckt garen. Gut würzen mit Salz, Paprikapulver und einer Prise Zucker.
Den Möhrensalat zugedeckt durchziehen lassen, in einer Glasschüssel anrichten und mit gehackter Petersilie garnieren.

Möhrenpfanne mit Putenschnitzel

- 1 kg Möhren
- 4 Zwiebeln
- 4 kleine Putenschnitzel
- 3 EL Olivenöl
- 5 EL Sojasoße
- Salz und Pfeffer aus der Mühle
- 1 Bund Petersilie

Möhren waschen, schälen und grob raspeln. Zwiebeln schälen und in Scheiben schneiden. Putenschnitzel in Streifen schneiden und in heißem Olivenöl anbraten. Das Fleisch aus der Pfanne nehmen, dann die Möhren und Zwiebeln unter häufigem Wenden anbraten und das Fleisch wieder dazugeben. Mit Salz, Pfeffer und Sojasoße gut abschmecken, umrühren und kurz dünsten. Mit gehackter Petersilie garnieren.
Beilage: Reis.

Tipp:
Statt Putenschnitzel kann auch Schweineschnitzel verwendet werden.

Möhren-Auflauf

- 600 g Möhren
- 2 Gemüsezwiebeln
- 2 EL Olivenöl
- 2 Knoblauchzehen
- 1 EL gehacktes Maggikraut
- 2 EL gehackte Petersilie
- Salz und Pfeffer
- 125 g geriebener Hartkäse
- Semmelbrösel und Butterflöckchen

Möhren waschen, schälen und in Scheiben schneiden, Zwiebeln schälen und würfeln. Möhren und Zwiebeln in einem Topf bei geschlossenem Deckel und wenig Flüssigkeit 8–10 Minuten andünsten. Das gedünstete Gemüse in eine gefettete Auflaufform geben. Mit Olivenöl, gehackten Kräutern und Knoblauch mischen. Mit Salz und Pfeffer abschmecken, glatt streichen. Den geriebenen Käse daraufgeben und mit Semmelbrösel und Butterflöckchen bestreuen. Bei 200 °C im vorgeheizten Backofen 10–15 Minuten überbacken. Der Käse sollte geschmolzen, aber nicht braun sein!
Beilage: Kartoffeln, Reis oder Salat.

600 g Möhren
1 kleine Lauchstange
4 Eier
4 EL Weizenvollkornmehl
Salz und Pfeffer aus der Mühle
4 EL Öl
1 Bund Petersilie

Knusprige Möhren-Bratlinge mit Kräuterquark-Creme

Möhren waschen, schälen und raspeln. Lauch putzen, waschen, klein schneiden. Möhren und Lauch mit Eiern und Mehl mischen. Gehackte Petersilie dazugeben. Mit Salz und Pfeffer abschmecken.
Öl in einer Pfanne erhitzen. Mit einem Esslöffel kleine Bratlinge häufeln und ins heiße Fett setzen, flach drücken und beidseitig goldgelb ausbacken.

Tipp:
Dazu passen Schalenkartoffeln und Kräuterquark oder ein Salatteller.

250 g Magerquark
150 g Naturjoghurt, 3,5 % Fett
2 EL Milch
1 Zwiebel
½ Bund Schnittlauch
½ Bund Dill
1 Knoblauchzehe
Salz und Pfeffer aus der Mühle
1 Prise Zucker

Kräuterquark-Creme

Quark, Joghurt und Milch cremig rühren, Zwiebel schälen und würfeln, Kräuter waschen und klein schneiden, Knoblauch schälen und durchpressen.
Alle Zutaten mischen und mit Salz, Pfeffer und einer Prise Zucker abschmecken.

1 Portion:
2 Apfelsinen
½ Glas Möhrensaft
1 TL kalt gepresstes Öl

Gesundheits-Drink „Fit am Morgen"

Apfelsinen auspressen, mit Möhrensaft und Öl gut mischen oder mixen.
Diesen Vitamine-Mix morgens nüchtern trinken, stärkt die Abwehrkräfte und macht einen schönen Teint.

Hinweis:
Dieser Mix ist ein ***natürliches „A,- C-, E-Getränk"*** *ohne künstlich hergestellte Vitamine aus der Nahrungsmittelindustrie.*
Diese Vitamine können nicht überdosiert werden, was bei den fettlöslichen Vitaminen A und E besonders zu beachten ist!

Rote Bete –
reich an Mineralstoffen

Ursprünglich stammt die Rote Bete aus dem Mittelmeerraum, inzwischen ist sie in ganz Mitteleuropa verbreitet. Rote Bete ist bei uns ein typisches Wintergemüse, man findet sie aber ganzjährig auf dem Markt, weil sie bei richtiger Lagerung lange Zeit haltbar ist.

Die Rote Bete ist reich an wertvollen Mineralstoffen, besonders an Eisen und Folsäure, die für die Blutbildung wichtig sind. Die in der Roten Bete außerdem enthaltenen Flavonoide und Polyphenole bieten einen Zellenschutz durch ihre antioxidative Wirkung und stärken das Immunsystem. Zu den Polyphenolen gehört auch der rote Farbstoff Betatin der Roten Bete. Das Wurzelgemüse eignet sich als Rohkost, besonders in Kombination mit Äpfeln oder gekocht als Suppe, Salat und als Beilage zu Fleisch und Fisch.

In früheren Zeiten war die Rote Bete neben Sauerkraut die wichtigste Salatgrundlage im Winter.

Rote-Bete-Frischkost

300 g rohe Rote Bete
300 g Äpfel
2 EL Sauerrahm
150 g Vollmilchjoghurt
1 EL geriebener Meerrettich
1 EL Zitronensaft
1 TL Honig, Salz

Rote Bete und Äpfel waschen, schälen, grob raspeln. Aus Sauerrahm, Joghurt, Meerrettich, Zitronensaft und Honig die Salatsoße herstellen und mit der geraspelten Roten Bete und Äpfeln mischen. Zugedeckt durchziehen lassen, dann servieren.

Roter Heringssalat

4 Matjesfilets
1 Glas Rote Bete
5 eingelegte Gewürzgurken
1 kleines Glas Perlzwiebeln
250 g magere Fleischwurst
Weißweinessig
2 EL kaltgepresstes Öl
1 TL Zucker
Salz und Pfeffer aus der Mühle
1 Bund Schnittlauch
2–3 Stängel Dill

Matjesfilets kurz wässern, abtropfen lassen und in Streifen schneiden. Die Fleischwurst pellen und würfeln. Rote Bete und Gewürzgurken abtropfen lassen und in Streifen schneiden, Perlzwiebeln abtropfen lassen. Aus Essig, Wasser, Salz, Pfeffer, Zucker und Öl eine Soße rühren und mit den übrigen Zutaten gut mischen. Mindestens eine Stunde durchziehen lassen. Schnittlauch und Dill waschen und schneiden und den Salat damit garnieren.

Rote-Bete-Salat mit Schwarzkümmel

500 g Rote Bete (gekocht)
1 mittelgroße Lauchstange
3–4 EL Rotweinessig
1 TL Schwarzkümmel
2 EL Olivenöl
Salz und frisch gemahlener Pfeffer

Rote Bete in Scheiben schneiden. Lauchstange waschen, in feine Ringe schneiden. Rote Bete und Lauch mischen. Marinade herstellen aus Rotweinessig, Salz, Pfeffer und 2–3 EL Wasser. Gemüse mit Marinade und Olivenöl mischen. Schwarzkümmel in trockener Pfanne anrösten, mit Salat mischen. Kräftig abschmecken, zugedeckt durchziehen lassen.

1 kg Rote Bete
125 ml Essig
125 ml Wasser
1–2 Zwiebeln
1 EL Zucker
1 Zitrone
1 Lorbeerblatt
Kümmel
Salz, Pfeffer, Salatöl

Rote-Bete-Salat

eingelegt für den Vorrat geeignet

Rote Bete waschen, dabei die Schale nicht verletzen, damit sie nicht „ausblutet", dann weich dämpfen, kalt abbrausen und sofort die Schale abstreifen. Rote Bete in Scheiben schneiden oder hobeln.

Marinade herstellen:
Essig, Wasser, Salz, Zucker und das Lorbeerblatt aufkochen und mit den geschnittenen Zwiebeln und dem Kümmel heiß über die Rote Bete geben. Kräftig abschmecken mit Salz, Pfeffer und Zitronensaft. Einige Stunden zugedeckt durchziehen lassen, dann vor dem Servieren das Salatöl dazugeben.

Hinweis:
Da die Garzeit der Roten Bete ca. 45–60 Min. beträgt, ist es ratsam, eine größere Menge zu dämpfen oder einen Dampfdruckkochtopf zu benutzen, hier verkürzt sich die Garzeit auf 15 Minuten! Früher wurde gleich eine Wochenration hergestellt, der fertige Salat konnte in Steintöpfen kühl aufbewahrt werden und stand im Winter jederzeit als Beilage für Fleischgerichte oder zur Brotzeit zur Verfügung.

2 mittelgroße gegarte und geschälte Rote Beten
1 Zwiebel
2–3 EL Speiseöl
1 l Gemüsebrühe
2 EL geriebener Meerrettich
Saft einer Zitrone
1 TL gestoßener Koriander
Salz und Pfeffer aus der Mühle
150 g saure Sahne

Rote-Bete-Suppe

Rote Bete klein schneiden, Zwiebel schälen und würfeln. Öl im Topf erhitzen und Zwiebel andünsten. Rote Bete, Meerrettich und Koriander zugeben, mitdünsten, mit Mehl bestäuben, umrühren. Die Gemüsebrühe aufgießen, zugedeckt 10 Min. kochen lassen und dann pürieren. Mit Salz, Pfeffer und Zitronensaft abschmecken. Sollte die Suppe zu sämig sein, noch etwas Gemüsebrühe aufgießen. Die saure Sahne cremig rühren und damit beim Anrichten die heiße Suppe garnieren.

Anmerkung:
Die weiße Sahne bietet einen sehr schönen Kontrast zur kräftig roten Suppe!

Schwarzwurzel – der „Winterspargel"

Die Schwarzwurzel war früher als Wintergemüse sehr beliebt, und im geschälten Zustand hat sie tatsächlich Ähnlichkeit mit dem weißen Spargel. Schwarzwurzeln werden den ganzen Winter frisch geerntet und ab Oktober auf dem Gemüsemarkt angeboten. Schwarzwurzeln sind eine Delikatesse und werden in der Gourmetküche heute wieder entdeckt. Sie sind reich an Vitaminen und Mineralstoffen. Im weißen Milchsaft sind Bitterstoffe, die die Verdauung anregen. Außerdem enthalten die Wurzeln Inulin (für Diabetiker wichtig!) und Allantoin, das eine wundheilende, zellerneuernde Wirkung hat. Eine beruhigende, schlaffördernde Eigenschaft wird dem Milchsaft der Schwarzwurzel ebenfalls zugeschrieben.

Tipp:
Der weißliche Milchsaft, der an der Luft schnell oxidiert, verfärbt sich braun und hinterlässt hartnäckige Flecken, ähnlich wie die Milch vom Stängel des Löwenzahns. Man sollte beim Schälen der Wurzel Handschuhe anziehen, damit sich die Hände nicht verfärben. Geschälte Schwarzwurzeln am besten sofort ins Wasser legen, dem Zitronensaft beigefügt ist. Auch dem Kochwasser wird Zitronensaft zugegeben, damit die Wurzeln weiß bleiben.

Hinweis:
Da Schwarzwurzeln, ähnlich wie Rote Bete, die Eigenschaft haben, Nitrat zu speichern, ist der Zusatz von Zitronensaft besonders wichtig, um die Nitrosaminbildung zu verhindern.

Zutaten für 4 Personen:

1 kg Schwarzwurzeln

Essig-Mehl-Wasser (zum Einlegen der frisch geschälten Schwarzwurzeln):

1 l Wasser

2 EL Essig

1 EL Mehl

Kochwasser:

1,5 l Wasser

2 EL Essig oder Zitronensaft

1 TL Salz

Schwarzwurzeln Grundrezept Vorbereitung

Wasser mit Essig und Mehl mischen und in eine weite Schüssel füllen. Die Schwarzwurzeln unter kaltem Wasser mit einem Spargelschäler schälen und sofort in Essig-Mehl-Wasser legen, dabei Haushaltshandschuhe tragen, damit sich die Hände nicht verfärben oder klebrig werden. Kochwasser mit Essig und Salz erhitzen. Die geschälten Stangen ganz oder halbiert ins Kochwasser geben, bissfest kochen, dann auf ein Sieb zum Abtropfen legen. Je nach Rezept die Schwarzwurzeln ganz verwenden oder in mundgerechte Stücke schneiden.

Hinweis:
Garzeit 30–40 Min. je nach Größe und Alter der Schwarzwurzeln, im Dampfdrucktopf 8–10 Minuten.
Das Kochwasser kann auch zum Aufgießen von Suppen und Soßen verwendet werden.

300 g Schwarzwurzeln geputzt, gewaschen, geschält (Vorbereitung siehe Grundrezept)

Salzwasser

Saft einer Zitrone

2 EL Öl

1 EL Mehl

1 gehackte Zwiebel

1 1/4 l Brühe zum Aufgießen

Zum Legieren:

3 EL Sahne

1 Eigelb

Schwarzwurzel-Suppe

Geschälte Schwarzwurzelstangen in 2 cm lange Stücke schneiden, in Salzwasser mit Zitronensaft knackig weich kochen. Inzwischen Einbrenne herstellen:
2 EL Öl im Topf erhitzen, gehackte Zwiebel andünsten, mit Mehl bestäuben, umrühren. Mit Gemüsebrühe oder Schwarzwurzelsud aufgießen, 5 Min. kochen lassen, mit Rahm und Eigelb legieren, Schwarzwurzel zugeben und nicht mehr kochen.

Legieren:
Eigelb mit Rahm verrühren, etwas heiße Suppe unterrühren, dann zur Suppe geben, nicht mehr kochen, sonst flockt die Suppe aus!

Schwarzwurzel-Salat

1 kg Schwarzwurzeln, geschält und gegart (siehe Grundrezept)

4–6 EL Kräuteressig

1/4 l heiße Gemüsebrühe

1 fein gewürfelte Zwiebel

Salz, Pfeffer

1 Prise Zucker

2–3 EL kaltgepresstes Öl

1 Bund Schnittlauch

Gekochte Schwarzwurzelstangen in mundgerechte Stücke schneiden und in eine Schüssel legen. Zwiebelwürfel dazugeben. Die heiße Gemüsebrühe mit Essig, Salz, Zucker und Pfeffer kräftig abschmecken, heiß über die Schwarzwurzeln gießen und gut mischen. Den Salat zugedeckt möglichst über Nacht durchziehen lassen. Vor dem Anrichten das Öl zugeben, mischen und mit Schnittlauchröllchen garnieren.
Der Salat eignet sich gut für ein Salatbuffet.

Schwarzwurzel-Brokkoli-Auflauf

500 g Schwarzwurzeln

500 g Brokkoli

1 l Wasser

1/2 TL Salz

3 Eier

150 g Sahne

Salz, Pfeffer, Muskat

1 Messerspitze gemahlener Koriander

1 EL Mehl

50 g Mandelplättchen

Die Schwarzwurzeln nach dem Grundrezept vorbereiten und kochen. In mundgerechte Stücke schneiden und in eine gefettete Auflaufform geben.
Den Brokkoli im Salzwasser bissfest ca. 8 Min. kochen. Den abgetropften Brokkoli auf die Schwarzwurzeln schichten.
Die Eier mit Sahne, den Gewürzen und Mehl verquirlen.
Die Eiermilch über das Gemüse gießen und im vorgeheizten Backofen bei 180 °C 20 Min. überbacken.
Inzwischen die Mandelblättchen in einer trockenen Pfanne unter stetem Wenden anrösten und vor dem Servieren drüberstreuen.
Dazu passt Blattsalat.

Sellerie – ideales Wintergemüse

Die Sellerievarianten können mit ihren würzigen Aromen die Speisen bereichern. Schnitt- und Staudensellerie werden von Juli bis Oktober geerntet. Der Knollensellerie ist im Herbst ausgewachsen und gereift, er kann mehrere Monate im kühlen dunklen Keller gelagert werden, am besten in Sand eingeschlagen. Sellerieknollen sind ein ideales Wintergemüse, vielseitig zu verwenden und ernährungsphysiologisch wertvoll. Sellerie enthält ätherische Öle mit sekundären Pflanzenstoffen, die das Wachstum von schädlichen Bakterien und Pilzen hemmen. Er wirkt wasserausscheidend, entschlackend und man sagt ihm auch eine aphrodisierende Wirkung nach.

Der Gehalt an Vitaminen und Mineralstoffen ist beachtlich. Enthalten sind die Vitamin-B-Gruppe, Vitamin C und E und besonders Kalium, das auch eine entwässernde Wirkung hat.

Sellerie kann in der Küche vielseitig verwendet werden. Die Blätter des Wurzelselleries eignen sich wegen ihres hohen Gehalts an ätherischen Ölen zum Würzen von Suppen und Eintöpfen. Staudensellerie nimmt man gerne zu einem leckeren Dip. Knollensellerie ist vielseitig verwendbar als Salat roh oder gekocht für Gemüseeintöpfe oder als vegetarisches Schnitzel.

Hinweis für Allergiker:

Sellerie kann Allergien auslösen, auch in Würzmischungen und Fertiggerichten findet man häufig Sellerie. Nach dem neuen Lebensmittelgesetz gehört Sellerie zu den 12 Allergenen, die auf der Verpackung deklariert werden müssen. Also die kleingedruckte Zutatenliste beachten!

1 kg Sellerieknolle
1 Zitrone
Gemüsebrühe
200 g Vollkornmehl
2 Eier (getrennt)
¼ l Bier
Salz
Pfeffer
1 TL Öl
Backpulver zum Ausbacken

Sellerieschnitzel im Bierteig gebacken

Sellerie waschen, schälen, in 1 cm dicke Scheiben schneiden. Mit Zitronensaft beträufeln und in Gemüsebrühe halbgar dämpfen, abtropfen lassen.

Backteig herstellen:
Mehl sieben, mit Eigelb, 1 TL Öl, Salz und Bier zu einem dickflüssigen Teig verrühren. Eischnee steif schlagen und unterheben. Die Selleriescheiben würzen, in den Teig eintauchen und im heißen Fett goldgelb ausbacken. Mit Salat servieren.

1 kg Sellerieknolle
50 g Haselnusskerne
4 EL Vollkornmehl
3 Eier
200 g Gouda (geraspelt)
3 EL Milch
Salz und Pfeffer aus der Mühle
500 g schnittfeste Tomaten
1 Bund glatte Petersilie
Butter

Selleriepizza mit Tomaten

Sellerie putzen, waschen, schälen und grob raspeln. Nüsse grob hacken und dazugeben. Eier, Mehl und Milch verrühren, zum Sellerie geben und mit Salz und Pfeffer würzen, gut mischen und auf ein gefettetes Backblech geben. Mit Butterflöckchen besetzen und im Backofen bei 200 °C 20 Min. backen.
Inzwischen Tomaten waschen und in Scheiben schneiden. Petersilie waschen, trocken schütteln und fein hacken. Die Tomaten auf den vorgebackenen Sellerie legen und mit Gouda bestreuen. 3 – 4 Min. übergrillen und mit Petersilie bestreut servieren.
Dazu passt ein Blattsalat.

200 g Möhren
200 g Sellerie
2 Orangen
1 Apfel
1–2 EL Zucker
40 g Sultaninen
Saft von einer Zitrone
1 TL kaltgepresstes Öl

Vorspeise im goldenen Mantel

Möhren und Sellerie putzen, waschen und fein raspeln. Apfel waschen, raspeln und mit Zitronensaft beträufeln. Orangen halbieren, das Fruchtfleisch herausschneiden und fein schneiden. Alle Zutaten mischen und die vorbereiteten Sultaninen dazugeben. Mit Zucker abschmecken und nach Belieben mit Öl mischen. Den Salat in die vier Orangen-schalen-Hälften füllen und auf Glastellern servieren.

Sellerie-Cremesuppe mit Schwarzkümmel

400 g Sellerie (geputzt und gewürfelt)

1 gewürfelte Zwiebel

1 EL Mehl

1 1/4 l Gemüsebrühe

100 ml Sahne

1 EL Schwarzkümmel

1 EL Butter

Salz und Pfeffer

Butter im Topf erhitzen und Zwiebelwürfel darin andünsten. Selleriewürfel hinzugeben, umrühren. Sellerie mit Mehl bestäuben, kurz anrösten. Mit Gemüsebrühe aufgießen, dabei umrühren. Die Suppe kochen, bis der Sellerie weich ist. Sellerie pürieren. Sahne unterrühren. Die Suppe mit Salz und Pfeffer abschmecken. 1 EL Schwarzkümmel in einer Pfanne trocken anrösten. Suppe in Tellern anrichten und mit heißem Schwarzkümmel garnieren.

Tipp:
Die Suppe wärmt von innen, fördert die Durchblutung der Schleimhäute, gut bei Erkältung!

Wilder Schnittlauch grünt im Winter

Schnittlauch ist neben Petersilie das am meisten verwendete Küchenkraut, denn er steht das ganze Jahr zur Verfügung, sei es als Gartenpflanze oder aus dem Topf von der Fensterbank.

Kaum bekannt ist, dass es im Winter frischen wilden Schnittlauch gibt. Er wächst bevorzugt an geschützten Stellen unter Obstbäumen oder an Hängen unter Hecken. Bei genauer Beobachtung kann man mitten im Winter „grüne Grasbüschel“ entdecken, deren schmale, dunkelgrüne und röhrenförmige Blätter aus der Schneedecke „spitzen“ und dem Binsengras gleichen.

Beim Reiben der Blätter riecht man den kräftig-würzigen Lauchgeruch, der an Knoblauch erinnert. Diesen Schnittlauch kann man sofort ernten, und auf einem Butterbrot schmeckt er einfach köstlich.

Wilder Schnittlauch ist in kühlen Gegenden angesiedelt, ab Dezember entdeckt man schon das erste Grün und bis April entwickeln sich bis zu 20 cm lange Blätter, dann zieht er sich allmählich zurück. Sobald die Bäume Laub tragen, verschwindet er und zeigt sich erst wieder, wenn es kalt wird. Die Natur hat das weise eingerichtet, denn im Sommer gibt es ja den kultivierten Schnittlauch aus dem Garten.

Schnittlauch ist universal verwendbar und bereichert die Küche mit dem würzigen Lauchgeschmack, man verzehrt ihn frisch, nie gekocht, da er beim Garen schnell das Aroma und die Vitamine verlieren würde. Die grünen „Röhrchen“ enthalten Vitamin A, B und C, außerdem Kieselsäure, Schwefelverbindungen und ätherisches Öl.

Früher hieß es im Volksmund: „Schnittlauch macht schön“, denn Lauch wird aufgrund seiner Inhaltsstoffe verjüngende Wirkung nachgesagt.

4 Matjesfilets
250 g Magerquark
½ Becher Crème fraîche
2 Zwiebeln
1 Apfel
½ Salatgurke (Bio)
2–3 EL Weinessig
Salz und Pfeffer
1 Bund Schnittlauch fein geschnitten
½ Bund Dill gehackt

Kräuter-Matjes mit Schnittlauch

Matjesfilets kurz wässern, trocken tupfen. Zwiebeln und Apfel schälen und in feine Würfel schneiden. Gurke waschen, abtrocknen und mit Schale würfeln. Quark mit Crème fraîche und Essig verrühren, mit Salz und Pfeffer abschmecken, die Hälfte der geschnittenen Kräuter unterheben und auf einer Platte anrichten. Die trocken getupften Matjesfilets darauflegen und mit den restlichen Kräutern garnieren.

Tipp:
Dazu passen gekochte Schalenkartoffeln oder Bratkartoffeln.

5 Eier
50 g Butter
1 Bund Radieschen
1 Bund Schnittlauch
Salz und Pfeffer

Eier-Schnittlauch-Aufstrich

Eier kochen (nicht zu hart, max. ca. 7–8 Min.). Die Eier schälen und noch warm mit der Gabel zerdrücken. Butter zugeben und gut vermengen.
10 Radieschen waschen, abtrocknen, in kleine Würfel schneiden und unter die Eiercreme mengen. Kräftig mit Salz und Pfeffer abschmecken.
Schnittlauch waschen, schneiden und in den Brotaufstrich geben. Einige Schnittlauchröllchen zum Garnieren verwenden, ebenso die restlichen Radieschen (vierteln und auf den Eieraufstrich legen).

Schnittlauch-Butter

125 g Butter
4 EL gehackter Schnittlauch
1 EL Zitronensaft
1 Prise Salz
1 Prise Pfeffer

Die Butter weich rühren, Zitronensaft, Salz, Pfeffer und Schnittlauchröllchen dazugeben. Zudecken, durchziehen lassen und kühl stellen.
Die kalt gestellte Schnittlauchbutter ist mehrere Tage haltbar.

Pikanter Quark mit Schnittlauch in Paprikaschiffchen

250 g Quark (20% Fettgehalt)
1 EL Kapern
1 EL gewürfelte Essiggurke
1 EL gewürfelte Tomate
1 EL gewürfelte Zwiebel
Kräutersalz und Paprikapulver zum Würzen
1 Bund Schnittlauch
2 große rote Paprikaschoten

Quark glatt rühren. Kapern, gewürfelte Essiggurke, Tomate und Zwiebel zugeben. Mit Kräutersalz und Paprikapulver abschmecken. Schnittlauch waschen, abtupfen, schneiden und unterheben. Etwas Schnittlauch zum Garnieren aufheben. Paprikaschote halbieren, Quark darin aufhäufen und mit Paprikapulver und Schnittlauch garnieren.

Salatsoße mit Schnittlauch

3 EL Salatöl (kalt gepresst)
3 EL Weißweinessig
1 TL mittelscharfer Senf
1 Prise Salz
Pfeffer
Zucker
4 EL geschnittener Schnittlauch

Alle Zutaten mit Schneebesen verrühren, Schnittlauch zugeben, abschmecken.
Die Salatsoße eignet sich für feine Blattsalate.

1 Portion:

125 ml Tomatensaft

½ l Naturjoghurt

1 Prise Salz

Pfeffer

Zucker

1 EL Schnittlauchröllchen zum Garnieren

Tomaten-Drink mit Schnittlauch

Tomatensaft mit Joghurt mixen und mit Gewürzen abschmecken. In ein hohes Glas füllen und mit Schnittlauchröllchen garnieren.

Tipp:
Sollte die Konsistenz zu cremig sein, beim Mixen etwas Mineralwasser zugeben.

Ofenkartoffeln (pro Person):

2–3 mittelgroße Kartoffeln, frische neue Ernte

getrockneter Majoran

etwas Öl

Schnittlauch-Quark:

500 g Magerquark

1 Becher Schmand

Salz

1–2 TL Kümmel

3 Bund Schnittlauch

Ofenkartoffeln mit Schnittlauch-Quark

Die Kartoffeln gut waschen, abbürsten, abtrocknen und halbieren. Die Schalenseite kreuzweise einschneiden, mit Öl bepinseln und mit Majoran bestreuen. Nun wird ein Backblech eingeölt. Die Kartoffeln mit der Schnittfläche nach unten auf das geölte Backblech legen. Die Kartoffel-Hälften im vorgeheizten Ofen bei Mittelhitze ca. 30 bis 40 Min. backen, bis sie knusprig sind.
Servieren: Die Ofenkartoffeln werden mit der knusprigen Schale gegessen.
Beilagen: Ofenkartoffeln schmecken sehr gut zu Quarkgerichten, Salaten und Rohkost.

Schnittlauch-Quark:
Quark mit Schmand verrühren und mit Salz abschmecken. Kümmel in heißer Pfanne ohne Fett rösten, dann im Mörser zerstoßen. Kümmel unter den Quark rühren und ½ Std. ziehen lassen. Schnittlauch waschen, abtupfen, in Röllchen schneiden und ⅔ davon unter den Quark rühren. Quark mit Ofenkartoffeln anrichten und den restlichen Schnittlauch darüberstreuen.

4 frische Eier

75 g Butter

1 EL Senf, mittelscharf

1 TL Paprika, edelsüß

Salz und Pfeffer

frische Kresse oder Schnittlauch zum Garnieren

Eier-Brotaufstrich mit Schnittlauch

Die Eier hart kochen und schälen. Eidotter durch ein feines Sieb streichen. Butter schaumig rühren. Das Eigelb zugeben. Pikant abschmecken mit Senf, Paprika, Salz und Pfeffer. Das gehackte Eiweiß daruntermischen und mit Kresse oder Schnittlauch garnieren.
Dazu schmeckt Vollkornbrot.

Alphabetisches Rezeptregister